KB247662

달마와 그 제자들

이야기 선불교사

차례
Contents

선이란 무엇인가

신광은 남쪽으로 내려가 달마가 좌선하고 있는 컴컴한 굴 앞에서 무릎을 꿇었다.

숭산 소림굴에서 움직이지 않고 앉아 있는 달마를 신기하게 생각하여 찾아왔던 구경꾼들의 발걸음도 점점 잦아들었다. 저녁부터 눈발이 조금씩 날리기 시작했다. 짧은 겨울 해는 서산을 넘어가고 인적 끊긴 산중에는 찬바람을 타고 온 눈발이 몰아치기 시작했다. 그러나 신광은 석상처럼 꼼짝도 않고 앉아 생각을 하고 있었다.

'옛 사람이 도를 구할 때에는 뼈를 깨뜨려서 골수를 빼내고 피를 뽑아서 주린 이를 구제하고, 머리를 진 땅에 펴고, 벼랑에서 떨어져 주린 호랑이를 먹였다. 옛 사람도 이러하였거늘 나는 어떤 사람인가?'

눈은 내리고 또 내렸다. 신광은 며칠 째 무릎을 꿇고 있었다. 인도에서 왔다는 그 괴승, 달마 또한 한 번 들어간 오두막에서 나오지 않았다. 무릎을 꿇은 신광의 머리 위에 눈은 쌓이고 또 쌓였다. 살을 에는 바람은 불고 또 불었다. 그렇지만 신광은 움직이지 않았다.

그렇게 며칠이 흘러갔다.

드디어 달마가 문을 열었다.

"받아 주십시오."

신광이 머리를 숙였다.

달마가 신광의 꽁꽁 언 몸을 바라보며 물었다.

"너의 뜻이 얼마나 깊으냐?"

신광은 잠시 말이 없었다.

달마가 민망히 생각하여 되물었다.

"네가 눈 속에 오래 있으니, 무엇을 구하는가?"

신광이 슬피 울면서 말했다.

"바라옵건대 화상께서 감로의 문을 여시어 여러 중생들을 널리 제도해 주소서."

달마가 대답했다.

"부처님들의 위없는 묘한 도는 여러 겁을 부지런히 정진하여 행하기 어려운 일을 참아야 하거늘, 어찌 작은 공덕과 작은 지혜와 경솔한 마음과 교만한 마음으로 참법을 바라느냐. 헛수고를 할 뿐이다."

꿇어앉은 신광 곁에는 커다란 칼 하나가 놓여 있었다. 신광은 달마의 말을 듣자마자 칼을 들어 한쪽 팔을 끊었다. 붉은 피가 하얀 눈 위에 흩뿌려졌다. 신광은 떨어진 팔을 한쪽 손으로 집어서 스승에게 바쳤다.

달마는 비로소 혜가慧可라는 법명을 주며 말했다.

"부처님들이 처음 도를 구하실 때는 법을 위해 몸을 던지셨다. 네가 이제 내 앞에서 팔을 끊으면서 구하니, 가히 할 만한 일이다."

단비구법斷臂求法. 팔을 잘라 법을 구했다는 유명한 이야기.

중국 선은 초조 달마와 2조 혜가와의 이렇게 너무나 아름답고도 터무니없이 처연한 전법선화傳法禪話로부터 시작된다.

선禪은 고대 인도인의 요가라고 하는 명상의 방법, 정신 집중의 방법에서 나왔다. 산스크리트어인 'dhyana(명상)'의 음사音寫인 '선나'에서 온 말이다. 그러니까 선은 넓은 의미에서는 요가 실습의 한 단계로 볼 수 있다. 양쪽 모두 마음을 일정한 대상에 결부시키는 것에 의하여 번뇌를 가라앉히고 밝은 지혜를 얻고자하는 목적은 같다.

이와 유사한 말로서 samadhi가 있는데 흔히 삼마지, 혹은 삼매로 표기되며 정定 또는 등지等持로도 번역된다. 정은 선을 닦아서 얻어지는 결과를 가리키는 말이며 또한 선이 한층 향상되고 완성된 단계를 가리키기도 한다. 다시 말하면 정의 개념에 선이 포함된다고 볼 수 있는데 이 둘을 함께 묶어 선정이라 한다.

인도 불교에서의 선정사상은 불교수행 전반에 걸친 기본적 요소인데, 선정사상만을 취하여 그것을 중심으로 종파가 발생하고 발전된 것은 중국에서이다. 이 과정에서 최초의 순수한 디야나(dhyana, 명상)로서의 성격이 변질되어 인도와는 다른 중국적 색채가 농후한 새로운 의미의 선이라는 개념이 생겨나게 되었다.

불교의 중국 전래와 함께 선 또한 거의 동시에 중국에 소개되었다. 인도에서 발생하여 불교수행의 기본이 되었던 선정이 중국으로 전해지면서 많은 이들이 그 신비한 매력에 이끌려 접근함으로써 불교의 확산에 기여하였다. 그러나 노자와 장자의 사상에 가까운 것으로 여겨져 자연관조의 낙천주의와 결부되기도 하였고, 심산유곡에서 불로장생술을 연마하던 도사들의 생활과 같은 것으로 간주되기도 하였다.

또한 위진 육조시대의 은둔문학의 풍조와 결합하여 점차 중국적 색채가 농후한 특유의 경향을 띠게 되었다. 이어 모든 불경의 소개와 함께 그 깊이가 더해지고 여기에 중국인들의 현실주의적 성향과 유교, 도교 등과의 끊임없는 교섭, 그리고 다양한 사회변화에 맞추어 지극히 중국적인 선의 모습을 갖추어 갔던 것이다.

인도 불교의 태동

    기원전 5세기경 붓다가 출현하면서 인도에서 불교가 시작되었다. 이때부터 붓다 입멸 후 여러 부파로 분리하게 될 때까지의 불교를 원시불교라고 한다. 이들은 승가를 형성하여 이동하면서 기후 조건과 생활 여건의 이유로 점차로 승원에 머무르게 된다. 그리고 세월이 지나면서 계율을 고스란히 지키고자 하는 사람과 그 해석을 유연하게 하고자 하는 사람이 각각 생겨났다.

    붓다 입멸 후 그 교리에 대한 입장의 차이로 불교는 여러 부파를 형성한다. 붓다 성도成道 후 불상을 만드는 일은 경전을 문자로 기록하는 일과 함께 유한한 인간 붓다의 모습밖에 보여 줄 수 없다는 이유로 금기시 되었다.

그러나 재가 신자들에게 있어 숭배의 대상이 된 붓다의 모습을 탑을 세워 기리는 것은 아주 자연스러운 것이었다. 그들에게는 붓다 가르침의 내용보다는 붓다에 대한 동경이 신앙의 원천이 되었다. 그들은 불탑 신앙 집단을 형성하게 되는데 이는 보살집단이 성립하는 모체가 된다.

인도는 이미 굽타 왕조 때부터 전폭적으로 힌두이즘을 받아들였는데, 이 시대 불교에 미친 힌두파의 영향은 힌두적 신들의 수용과 주술적인 의례의 도입뿐만 아니라, 불교 교단에 힌두적 제사법도 받아들이게 하였다. 즉, 현세적인 의례와 주술적인 요소가 성불을 위한 방법으로 승화되었던 것이다.

그러나 이렇게 불교가 세속화 되었다고 해서 불교의 본질이 상실되지는 않았다. 불교는 비록 대중들의 염원으로 세속화의 길을 밟고 있었지만 근본 계와 율은 엄연히 존재하였으며, 일부 승단에서의 그 지킴도 여전히 엄격하였다.

불교 의례는 당시의 다른 종교들과 달리 모든 이들에게 열려 있었으며 어려운 통과 의례보다는 그냥 덕을 쌓는 것과 손쉬운 기원 의례를 수행하는 것만으로도 신자가 될 수 있었다. 그러나 이러한 불교의 옅은 종교 의식은 카스트를 중심으로 하는 상대적으로 강한 종교 의식을 가지고 있었던 힌두 세계 내에서 토착화하는 데 실패하고 말았다.

더구나 이슬람교도들의 침입으로 인도의 불교는 급속히 쇠락하였으며 일부는 장소를 옮겨 명맥만을 유지하기에 이르렀다. 결국 붓다의 입멸 후, 불교는 인도가 아니라 각 나라로, 또는 각 부파로 분리된다. 그렇지만 여러 부파로 분리되었음에도 불교의 중심 교리는 언제나 연기설緣起說과 팔정도八正道였다.

붓다는 깨달음을 얻은 후 녹야원에서 다섯 비구에게 최초의 설법을 하게 된다. 붓다는 자신이 수행하는 동안 쾌락과 고락의 양극단으로 치우친 수행방법은 무익한 것임을 몸소 깨달았다. 그래서 이러한 양극단을 버린 중도를 위해 여덟 가지 도를 설한다. 즉 바른 견해, 바른 결의, 바른 습관, 바른 행위, 바른 생활, 바른 노력, 바른 상념, 바른 명상이었다.

붓다의 설법을 들은 이들은 그 뜻을 받아들여 제자가 되었다. 이것이 바로 불교에 있어서 승가(Samga)의 성립을 의미한다. 그러나 기실 이는 불교 특유의 것이 아니고 당시 유행자 공동체의 한 형태였다.

이렇게 초기의 불교는 전통적인 바라문보다 정통성에 집착하지 않고 새로운 관념과 관행을 자유로이 받아들여, 전통이 중시되는 농촌보다는 변화를 요구하는 도시의 풍조와 일치하여 도시를 중심으로 발전한 도시형의 종교였다.

그렇기 때문에 불교교단에 대한 후원자나 승가의 경제를 유지시켜 주던 도시 가까이에 있었던 것은 자연스러운 일이었다. 초기 불교 승단은 오늘날 우리의 불교처럼 산속 깊숙이 있는 것이 아니라 민중의 고통을 함께 나누며 친근하게 가까이 있었다.

붓다가 설한 규율이나 교리는 때와 장소에 따라서, 적절한 비유를 통하여 설하였기에 체계가 확실하게 규정되어 있었던 것은 아니었다. 붓다가 교리를 펼 당시에는 규율이나 교리에 의문이 생기면 붓다에게 물어 그가 일러준 대로 행하면 되었으나, 그가 입멸하게 됨으로써 교리에 대한 각기 다른 생각에 부딪히게 되었다.

그러한 시점에서 대가섭 등의 후계자들은 붓다 생존시의 교리를 그대로 유지하는 것이 필요하다고 생각하게 되었다. 그래서 붓다가 열반에 든 그 해, 라자가하 교외의 칠엽굴에서 대가섭이 사회자가 되고 우팔리가 율律을, 아난다가 경經을 암송하게 되고, 이것을 참석한 500 비구들이 검토하여 함께 암송하였다. 이를 제1 결집이라고 한다.

그러나 교통과 통신 등의 문제로 인해 지방에서는 참여하지 못한 비구들이 많았다. 그래서 그들은 이러한 경전 결집을 인정하지 않고 새로운 결집을 요구하게 되었다.

코살라국의 장로 야사와 그를 따르는 비구들은 좀 더 융통성 있는 해석을 원했고 대가섭보다 아난다의 정통성을 흔들림 없이 계승해야 한다고 주장했다. 그들은 교리보다는 일상생활의 규율에 관한 문제를 제기했다. 붓다 재세시보다 좀 더 유연한 수행 태도를 취해야 한다고 주창했던 것이다. 그들은 베사리에 700 비구를 모아 결집을 하게 되었다. 이것을 제2 결집이라 한다.

이와 같이 붓다 입멸 후 100년경에 원시불교가 분열을 거듭하여 20여 개의 교단으로 갈라진 시대의 불교를 총칭하여 부파

불교라 한다. 100년이라는 세월은 결코 짧은 세월이 아니었다. 점차 붓다가 편 교리가 희미해졌고, 시간이 지날수록 계율을 고스란히 지키고자 하는 사람과 그 해석을 유연하게 하고자 하는 사람이 각각 생겨나게 된 것이다.

그래서 정통파라 자처하는 대가섭의 상좌부와 시대와 사상 해석 변화에 민감한 진보파 아난다의 대중부로 나누어지게 된다. 이는 수백 년 후에 나타나게 되는 소승과 대승의 갈림길이 된다. 서북인도, 중인도 등지에서는 보수적인 경향이, 불교의 발생지역인 동인도에서는 시간이 지남에 따라 진보적인 경향이 나타나게 되었다.

한편 불교가 왕조와 도시 자산가들의 지지와 민중의 호응 속에서 급속히 발전해 나가고 있는 기간에도, 인도에서는 베다 성전에서 계속 이어져 내려오던 바라문의 영향력이 결코 약해지지 않았다. 불교가 몇 번의 결집을 통해 교단을 정화하고 아울러 민중에 가까워지려고 노력하였지만 별다른 성과가 없었다.

이즈음 인도의 상인들은 로마로 가는 새로운 길, 즉 비단길을 통해 동쪽으로는 중국, 서쪽으로는 로마제국과의 무역으로 막대한 부를 축적하게 된다. 이때부터 인도의 불교가 본격적으로 중국으로 전파되기 시작하였다. 당시에 강성했던 쿠샨왕조는 처음에는 자신들의 종교인 힌두교를 신앙하였다. 그러나 BC 2세기 무렵부터 민중들은 보다 출가가 자유로운 불교에 귀의하게 된다. 민중들은 자신들의 신분과 관계없이 누구나 구원받을 수 있다는 불교의 메시지에 열광했다. 바야흐로 대 승불교가 출현한 것이다. 쿠샨왕조는 보다 강력한 왕조를 구 축하기 위해 불교를 국교로 받아들였다.

이러한 일반 민중들에서 비롯된 아래로부터의 불교, 즉 대 승불교의 출현은 당시 권력과 유착한 일부 승려의 타락을 공 격하고 나아가 이미 비불교화된 기존 승단을 부정하는 적극적 인 자세로 변하게 된다. 불탑 주변의 신자들은 붓다의 근본 가 르침으로 돌아가 그에 입각한 진정한 신앙공동체를 형성하고 자신들의 이념체계를 정립해 나갔다.

이는 믿음이 돈독한 사람이면 재가와 출가를 막론하고 누 구나 부처가 될 수 있다고 가르치는 대승불교의 자리매김이었 다. 또한 출가를 전제로 엄격한 명상수행을 통하여 보살도를 닦아 나가는 기존의 승려 사회에 대한 소리 없는 혁명이었다.

또한 여기에, 기존 승단에 회의를 느끼고 민중교화를 그 본 래적 임무로 자각하고 노력하던 진보적 승려들이 합류하면서 새로운 불교운동이 일어난다. 이들은 기존 승려의 편협하고 이기적인 모습을 소승으로 공격하고 스스로를 대승이라 이름 하여 인도 전역으로 급속히 퍼져 나갔다.

대승불교에서 가장 중요한 관념·사상은 보살(bodhisattva)행과 이타행利他行이다. 보살은 붓다의 전생을 가리키는, 붓다 한 사 람에게만 적용되던 말에서 이타의 서원을 맹약하고 깨달음을 구하여 수행하는 사람으로, 그 본래 의미에 새로운 내용을 더 해 갔다. 대승불교의 근본기조가 확립되기 시작하였다. 즉 보

살은 중생을 위하여 보시를 비롯한 많은 선행을 쌓고, 이러한
공덕이 쌓인 결과, 붓다가 된다는 이론이 정착된 것이다.

살은 중생을 위하여 보시를 비롯한 많은 선행을 쌓고, 이러한
공덕이 쌓인 결과, 붓다가 된다는 이론이 정착된 것이다.

중국으로 온 불교

　기원전 1500년경 인도에서 베다 문명이 꽃을 피웠을 때 중국에서는 은주殷周 문명이 발달하였다. 고타마 붓다가 활약하였던 기원전 5~4세기경의 중국은 춘추 전국시대였고 공자나 노자를 비롯한 많은 사상가들이 출현하였던 시대였다.

　이 두 개의 단절되었던 문화가 교류할 수 있게 된 것은 기원전 2세기 말 중앙아시아를 횡단할 수 있는 동서교통로가 열린 다음부터였다. 서쪽 로마제국에서부터 동쪽 장안에 이르는 실크로드가 개설되고 동서교통에 의한 통상교역이 확대되었다. 서북인도에서부터 아프가니스탄, 파키스탄 지방으로 전파된 불교는 실크로드의 상인들을 통해 점차 중국으로 전파되었다. 그러나 불교는 서북인도에서 중앙아시아를 거쳐 전파된 것만이 아니라 수마트라 섬과 말레이 반도를 우회하여 남부해로를 통하여 베트남을 경유하여 중국 남부에도 전해졌다.

인도 승려와 서역 승려가 중국에 건너오기도 하였으나 중국 승려인 법현, 현장, 의정 등은 인도의 성지를 순례하고 불전을 가져오기 위해 많은 고난을 무릅쓰고 긴 세월에 걸쳐 인도를 순례하고 돌아오기도 했다. 이와 같은 빈번한 문화교류에 의하여 불교는 이질적인 문화권인 중국에 점차 알려지기 시작했다.

그리하여 중국에 전해진 경전들은 다라니를 제외하고는 모두 한문으로 번역되었다. 이는 중국인들이 자기들의 언어로 불교를 이해하려고 한 노력의 결과이다. 그로 인하여 불교 전래가 시작되면서부터 당대에 이르기까지 경전의 한역이 무엇보다도 중요한 사업이 되었다. 후한 이후 송대에 이르기까지 천년 동안 이러한 작업이 계속되었다. 또한 현장玄奘이 역경사업을 완성시킨 번경원처럼 국가적 사업으로 조직적으로 행해진 번역사업의 결과로 세계의 번역사상 그 유례를 찾아볼 수 없는 방대한 한역대장경이 이루어졌다. 이 한역대장경에 의하여 이루어진 것이 중국 불교이다.

이제 중국 불교는 본격적인 경전의 번역뿐만 아니라 스스로의 힘으로 불교전적을 저술하기 시작했다. 세일론, 버마, 타이 등의 소승적 남방 불교와 확연히 다른 대승적 중국 불교만의 특징을 가지게 된 것이다. 그리고 그들은 천태종이나 화엄종 같은 그들만의 교학을 형성하고 선이나 정토와 같은 독특한 실천불교를 탄생시켰다.

그때 인도에서도 다시 대승불교가 새롭게 발전하였지만 중국은 이미 자신들의 특유한 방법으로 불교를 해석하기 시작하였다. 인도 불교와 연관 없이 자신들의 사상을 불교에 주입하였던 것이다. 그로 인해 중국의 불교는 일시적으로 사상의 혼돈과 혼란의 시대를 맞게 되었다. 소승경전과 대승경전 간에 교리상 해석 차이가 있었기 때문이었다. 이에 따라 모든 경전에 대한 가치판단을 위해 교상판석敎相判釋이 행해지게 되었다. 교상판석으로 각 종파는 자신들의 위치를 결정지었으며 또한 나름대로 경전에 대한 가치판단을 하기에 이르렀다. 바로 이 교상판석이 중국 불교의 특징이다.

중국인들은 사성제四聖諦, 팔정도八正道, 십이인연十二因緣을 설하는 원시적인 사상 형태의 소승경전과 교학이 발달한 대승경전을 동시에 수용해야 하는 상황에 놓이게 되었다. 당시에는 대승경전과 소승경전의 성립에 대한 의문을 갖지 않았고 그 동안의 역사적 발전과정을 고려하지도 않았다. 결국 중국 불교는 대승과 소승의 두 가지 경전을 모두 불타의 직설이라고 받아들이게 되었다. 남방 불교와 다른 중국 불교만의 특징을 가지게 된 것이다.

보리달마

중국 선종의 개조開祖, 그의 인도 이름은 보디 다르마 (Bodhi-dharma)이다. 중국에서는 보리달마菩提達磨라고도 하며, 달마達磨라고도 쓴다. 원각대사圓覺大師라는 시호를 당나라 중기에 받았다. 그는 6세기 초 인도에서 화북으로 건너와 낙양을 중심으로 활동하였다. 종래에는 11세기에 정리된 전승설화 외에 그의 전기나 사상 등이 불분명하였으나, 20세기에 들어와 둔황에서 발견된 어록에 의해 벽관壁觀으로 일컬어지는 독자적인 선법과 제자들과의 문답이 확인되어 그 실상이 밝혀졌다.

그는 현학적인 철학체계에 갇힌 그 시대의 불교에서 벗어나 본래의 청정한 자성에 눈떠 바로 성불하라는 설법을 평이

한 구어로 말한 종교 운동가였다. 많은 민중들은 그의 사상에 열광했다. 8세기부터 9세기에 걸친 급격한 사회변혁 시대였기 때문에 사람들은 새 불교의 이상을 달마에게 구하였다. 민중들은 논리적이고 교학적인 불교보다는 단순하고 직설적인 불교를 원하고 있었던 것이다.

보리달마는 남인도 향지국의 셋째 왕자로 태어나 성을 세테이리라고 했다. 이와 달리 달마는 인도가 아닌 페르시아 출신이며, '세테이리'라는 것은 성이 아니라 인도 4성 계급 중에 크샤트리아를 의미한다고 보는 견해도 있다.

어느 날 '반야다라'라고 하는 고승이 널리 가르침을 베푼다는 말을 듣고 향지국왕은 그를 왕궁으로 초청하였다. 국왕은 반야다라의 가르침을 받고는 비싼 보석을 공양하고 신자가 되기로 하였다. 한편 왕에게는 세 명의 아들이 있었는데, 장남은 '월정다라'라고 불렸으며, 염불삼매의 행을 닦았다. 둘째는 '공덕다라'였는데, 백성에게 봉사하는 것을 기쁨으로 여겼다. 셋째는 '보리다라'라고 불렸는데, 부처님의 가르침을 해석하는 데 뛰어났다.

반야다라는 세 왕자의 지혜를 시험해 보기 위하여 질문을 던졌다.

"이 세상에서 이 보석보다 더 훌륭한 것이 있겠습니까?"

월정다라가 대답하였다.

"이 보석은 우리나라의 보물입니다. 이 세상에 더 훌륭한 것이 있을 리 없습니다."

공덕다라 역시 비슷한 말을 하였다.

그런데 보리다라가 말했다.

"이런 보석은 감히 최상의 보물이라 할 수 없습니다. 이 보물은 가지고 있는 사람만을 기쁘게 할 뿐 입니다. 세상에서 제일가는 보물은 여러 가지 법 중에서 부처의 가르침이고, 사람이 지닌 뛰어난 여러 가지 능력 중에서는 지혜가 가장 두드러집니다. 그리고 지혜 중에서는 마음의 지혜가 최상이라고 생각합니다. 이 세 가지 보물이 가장 훌륭할 것입니다."

반야다라는 빙긋 웃었다. 그러나 아무 말도 하지 않았다.

그리고 얼마 후에 국왕이 승하하자 보리다라는 반야다라를 따라 출가하여 불법을 배우게 되었다.

반야다라는 그에게 다음과 같이 말했다.

"그대는 모든 법을 다 깨달았다. 달마라 함은 통달하고 크다는 뜻이니, 달마라 하라."

그는 보리달마로 이름을 고쳤다.

달마가 스승 밑에서 수행하기를 40여 년. 어느 날 달마는 스승에게 물었다.

"제가 이미 법을 얻었으나 어디로 가서 불사를 하오리까? 일러 주십시오."

스승이 대답했다.

"내가 죽은 후 67년이 지나면 동쪽 중국이라는 나라에 가서 전법하도록 하여라. 처음에는 남쪽에 머무르다가 훗날 때가 무르익으면 너를 기다리는 사람들이 있는 북쪽으로 가도록 해라. 행여 너무 빨리 떠나서 햇볕에 시드는 일이 없도록 하라. 그리고 마지막으로 나의 게송을 들으라.”

路行跨水履逢羊
獨自悽悽暗渡江
日下可憐雙象馬
二株嫩桂久昌昌

가다가 물을 건너서 다시 양을 만나네
혼자서 쓸쓸히 강을 건넌다
두 마리의 상마는 한낮에 애처로운데
두 그루의 계수나무 오랜만에 무성하리

이는 모두가 달마와 불교의 앞날을 예언한 것이었다. 게송을 읊고 반야다라는 조용히 입적했다. 달마는 두 손 모아 합장했다.

반야다라에게는 달마 이외에 불대선, 불대승이라고 하는 두 명의 제자가 있었다. 반야다라의 사후 그 종지가 6종六宗으로 나누어졌다. 유상종有相宗, 무상종無相宗, 정혜종定慧宗, 계행종戒行宗, 무득종無得宗, 적정종寂靜宗이었다. 그들은 각기 주장을 달리하여 서로 다투고 갈등을 일으켰다. 달마가 그들 모두를 모아놓고 일갈했다.

“그대들이 이처럼 모두 다르게 생각하는 것은 결코 부처님의 뜻에 이르는 길이 아니다. 내가 이것을 바로잡지 않는다면, 해탈에 이르는 길이 멀어질 것이다. 오늘부터 내 그대들과 일일이 대면하여 그대들과 부처님의 법에 대해 의론할 것이다."

달마는 첫째 유상종에게 가서 물었다.

"온갖 법에서 어떤 것을 실상이라 하는가?"

그 무리 가운데 존장인 살바다라가 대답했다.

"모든 형상 가운데 어떤 형상도 끼어듦 없는 것을 실상이라 합니다."

달마가 말했다.

"모든 상이 끼어듦 없는 것이 실상이라고 밝힌 그것은 어떻게 알았는가?"

"모든 형상 가운데는 진실로 결정할 것이 없습니다. 만일 모든 형상이 결정되었다면 어찌 진실이라 하겠습니까?"

"모든 형상을 결정할 수 없음이 실상이라면 그대가 지금 결정되지 않았다 함은 어떻게 얻었는가?"

"내가 결정되지 않았다 함은 어떤 형상을 말한 것이 아니니 모든 형상을 말할 때에도 그 이치가 같습니다."

"그대가 말하기를 결정치 않음이 실상이라 하지만, 그렇다면 그 결정마저 결정할 수 없으므로 실상은 아니다."

"그 결정마저 결정할 수 없으므로 실상이 아니라 하나, 나의 잘못을 아는 까닭에 결정한 것도 없고 변한 것도 없습니다."

"그대가 지금 변한 것이 없다고 이미 말했거늘 어찌 실상이라 하겠는가? 이미 변한 것이 분명하다."

"변치 않는 것은 마땅히 있고, 있는 것은 있지 않음입니다. 바로 이러한 실상이 변해서 그 이치를 결정합니다."

"실상은 변치 않고, 변하면 실상이 아니니, 있음과 없음 가운데서 어느 것을 실상이라 하겠는가?"

살바다라가 마음속으로 감탄하여 손으로 허공을 가리키면서 말했다.

"이는 세간의 유위有爲한 형상이지만 또한 공합니다. 나의 이 몸도 그와 같을 수 있습니까?"

달마가 말했다.

"만일 실상을 알면 형상 아님을 보게 되고 형상 아님을 깨달으면 물질(色)도 그러하리니, 물질 가운데서 물질의 본체를 잃지 않으며 형상 아님 가운데 있음에 걸리지 않기 때문이다. 만일 이와 같이 이해하면 이것이 실상이다."

유상종의 무리들은 모두 달마를 향해 예배했다.

달마는 다시 눈 깜짝할 사이에 둘째 무상종에게 가서 물었다.

"그대가 무상이라 하는 것은 어떻게 증득하는가?"

그 무리 가운데 바라제라는 지혜 있는 이가 대답했다.

"제가 무상이라 밝히는 것은 마음은 나타나는 것이 아니기 때문입니다."

달마가 물었다.

"그대의 마음이 나타나지 않는다면 어떻게 밝히는가?"

"제가 무상을 밝힐 때 마음에 취하거나 버림이 없으며, 또한 밝힐 때를 당하여도 상대가 없습니다."

"온갖 있고 없음에 대하여 마음으로 취하거나 버림이 없으며, 또 상대도 없다고 하는 것은 모든 밝힘마저도 없는 까닭이리라."

바라제가 다시 물었다.

"부처님의 삼매에 들면 얻을 바가 없거늘 어찌 무상인들 알고자 하겠습니까?"

"형상도 이미 알 수 없다면 누가 있고 없음을 말하며 얻을 바도 없다면 어찌 삼매인들 이름붙일 수 있겠느냐?"

"제가 증득하지 않는다 함은 증득할 바 없음을 증득한다는 것이며, 삼매가 아니기 때문에 제가 삼매라 하였습니다."

"삼매가 아니라면 어떻게 이름하며, 그대가 이미 증득하지 않았다면 증득하지 않은 것을 어떻게 증득했다 하느냐?"

바라제는 곧바로 달마 앞에 무릎을 꿇었다.

"스승이시여, 저희들의 죄를 용서하시고 저희들을 참다운 부처님 법으로 인도하소서."

달마는 그에게 수기를 주었다.

"그대는 오래지 않아서 과위를 증득할 것이다. 이 나라에 마가 있는데 오래지 않아서 항복하리라."

달마는 다시 셋째 정혜종에게 가서 물었다.

"그대들이 정혜를 배우는데 하나인가, 둘인가?"

그 무리 가운데 바란타라는 이가 대답했다.

"우리들의 이 선정은 하나도 아니요, 둘도 아닙니다."

"하나도 둘도 아니라면 어찌 정혜라 하는가?"

"정에 머물러 있다면 정이 아니요, 혜에 머물러 있다면 혜가 아니니, 하나는 곧 하나가 아니요, 둘은 곧 둘이 아닙니다."

"하나는 곧 하나가 아니요, 둘은 곧 둘이 아니라면, 이미 정도 혜도 아니거늘 무엇을 정혜라 하는가?"

"하나도 아니요, 둘도 아니지만 정혜는 알 수 있으며 정도 혜도 아닌 경우도 이와 같습니다."

"정도 혜도 아닌 그것은 그러면 어찌 알았는가. 하나도 아니요, 둘도 아니라 하면서 정과 혜는 누가 말하는가?"

그 말을 듣고 바란타는 눈을 번쩍 떴다. 그리고 달마에게 예배했다. 여태 가지고 있었던 의혹이 봄눈 같이 사라졌던 것이다.

달마는 넷째 계행종에게 가서 물었다.

"무엇이 계이며 어떤 것을 행이라 하는가? 이 계행은 하나인가 둘인가?"

그 무리 가운데 한 사람의 현자가 대답했다.

"하나와 둘, 둘과 하나가 모두 그에게서 나오니, 교법에 의해서 물들음이 없으면 이를 계행이라 합니다."

달마가 다시 물었다.

"그대가 교법에 의한다 함이 곧 물들음이다. 하나와 둘이 모두 부정(破) 되었거늘 어찌 교법에 의한다 하겠는가? 그렇게 어긋나면 수행이 될 수 없나니 안팎도 모르면서 어찌 계라 하겠는가?"

"저는 이미 안팎을 알았습니다. 이미 통달한 뒤에는 그것이

계행이니 어긋났다 한다면 모두가 옳다고도 할 수 있고 모두
가 그르다고도 할 수 있습니다. 말로써 어찌 청정함에 미치겠
습니까. 그대로 곧 계요, 그대로 곧 행입니다.”

“모두가 옳고 모두가 그르다면 어찌 청정이라고 할 수 있으
며 이미 통달했다면 어찌 안팎인들 논하리오.”

현자는 조용히 달마를 향해 합장하며 말했다.

“진정한 우리들의 스승이시여!”

달마는 또다시 다섯째 무득종에게 가서 물었다.

“그대들이 무득이라 하니, 얻을 것이 없다면 무엇을 얻는
가? 얻을 것이 없다 하면 이미 얻음을 얻은 것이다.”

그 무리 가운데 보정이라는 이가 대답했다.

“내가 얻을 것이 없다고 말한 것은 얻을 것 없음을 얻은 것
도 아닙니다. 이 얻음을 얻음이라 말하지만, 이 얻음은 얻음이
없습니다.”

“얻음이 이미 얻음 없는 얻음이라면 그 얻음마저 얻을 수
없다. 그 얻음도 얻음 없다 하나 어떻게 그 얻음은 얻었느냐?”

“얻음을 보면 얻은 것이 아니요, 얻음이 아니라야 얻나니,
만일 얻지 않음을 보면 얻을 것을 얻었다 합니다.”

“얻었다면 얻음이 아니요, 얻을 것을 얻었다 하면 얻음도
없을 것이고, 이미 얻은 것도 없을 터인데 어떻게 얻을 것을
얻었다 하는가?”

보정 또한 달마 앞에 무릎을 꿇었다.

달마는 마지막으로 여섯째 적정종에게 가서 물었다.

"무엇을 적정寂靜이라 하는가? 이 법 가운데서 누가 고요하고 누가 적멸한가?"

한 장로가 대답했다.

"이 마음이 움직이지 않는 것을 적멸이라 하고, 법에 물들지 않는 것을 고요하다 합니다."

달마가 다시 물었다.

"본마음이 적멸치 않다면 반드시 적정을 의지하여야 하겠지만 본래 적멸하거늘 어찌 적정을 이용하리요?"

"모든 법이 본래 공하니, 공이 공하기 때문이요, 그 공이 공하므로 적정이라 합니다."

"공이 공하다는 것도 이미 공했고, 모든 법도 그러하므로 적정하여 행상이 없거늘 무엇이 고요하며 무엇이 적멸하겠는가?"

장로는 더 이상 할 말이 없었다.

6종의 종사가 모두 달마에게 귀의하였고 달마의 명성은 전 인도에 널리 퍼져나갔다. 이때부터 본격적인 달마의 동서 불법홍포가 시작되었다. 물론 이 이야기는 사실이 아니라 달마가 전하는 법의 요체를 보다 확실하고 간략하게 정리하기 위해 후대 사람들이 만들어 낸 설법일 것이다. 그러나 6종사들과의 이 문답은 달마를 이해하는 가장 빠른 지름길 역할을 하고 있다.

그 즈음 달마의 첫째 형인 월정다라의 아들 이견왕이 즉위했다. 이견왕은 불법이 국민과 조상을 현혹하고 있다고 오해한 나머지 불교를 배척하기 시작하였다.

"나의 조상들은 모두가 불법을 믿었으나 삿된 소견에 빠져 수명이 길지 못하고 왕운도 짧았다. 또 내 몸이 곧 부처인데 어찌 밖에서 구하리오. 선악의 과보는 모두가 말재주 있는 자들이 꾸민 것이다."

왕은 나라 안의 늙은이들이나 선왕의 존경을 받던 이들 모두를 쫓아냈다.

달마는 혼자 탄식했다.

"무상종의 제자 중에 바라제는 왕과 친교가 있고, 머지않아 과위를 증득할 것이다. 또 하나는 종승인데 변재가 좋고 박식하기는 하나 옛 인연이 없구나."

이때에 여섯 종파의 무리들도 제각기 떠들었다.

"불법에 재난이 생겼는데 스승님은 어찌 혼자만 편히 계실까?"

달마가 대중의 뜻을 미리 알고 손가락을 튕기어 응답하니, 여섯 무리들이 듣고, '이는 우리 스승님께서 믿음을 표시하시는 소리이다. 우리들은 빨리 가서 분부를 받들어야 한다' 하고는 곧 달마에게 가서 예배하고 문안하였다.

달마가 그들에게 물었다.

"이제 한 잎사귀가 허공을 가렸으니, 누가 베어 버리겠는가?"

종승이 대답했다.

"제가 비록 천박하지만 감히 왕의 잘못된 도리를 규탄하겠습니다."

"그대는 비록 말재주는 있으나 아직 도력이 온전치 못하다."

종승은 이 말을 듣고 속으로 이렇게 생각하였다.

'스승께서 내가 왕을 뵈옵고 큰 불사를 하면 나의 명예는 드러나고 자신의 위신은 무색해질 것을 두려워하신다. 비록 복과 지혜로써 왕이 되었다 하여도 나는 부처님의 가르침을 배운 사람인데 어찌 그를 적대하기 어려우리오.'

그는 곧바로 궁으로 가서 왕을 만나 세상의 진리와 세계의 고락을, 인간과 하늘의 선과 악을 널리 설하였다. 영특한 왕은 그와 토론을 거듭하는 사이에 모든 이치를 터득했다.

왕이 흐뭇하게 물었다.

"그대가 지금 가르치고 있는 그 진리(法)는 어디에 있소?"

종승이 대답했다.

"왕이 펴는 정치의 길과 같아서 마땅히 그 도리에 합당한 것입니다. 대왕의 도는 어디에 있습니까?"

"나의 도는 삿된 법을 없애기 위한 것이오. 그대의 법은 누구를 항복시키기 위한 것인가?"

종승은 대답할 수 없었다. 달마는 선정에 들어 그들의 문답을 듣고 있었다. 달마는 곧 지혜로운 제자 바라제에게 말했다.

"종승이 나의 가르침을 받지 않고 혼자서 왕을 교화하려다가 잠깐 사이에 굴복하고 말았다. 그대는 빨리 가서 구원하라."

바라제가 공손히 달마의 분부를 받고 말했다.

"스승이시여, 바라옵건대 신통력을 베풀어 주소서."

그즈음 왕은 말문이 막힌 종승을 내쫓으려다가 홀연 바라제가 구름을 타고 오는 것을 보자 깜짝 놀라서 바라제를 향해 물었다.

"하늘을 타고 온 그대는 바른가, 삿된가?"

바라제가 대답했다.

"저는 사邪와 정正이 아니지만, 왔다면 정과 사가 있습니다. 만약 대왕의 마음이 바르면 저에게도 사와 정은 없습니다."

왕은 놀라지 않을 수 없었다. 그러나 그냥 물러날 수는 없었다.

"그대도 먼저 온 종승과 똑같은 말을 하는구나. 여봐라, 우선 저 종승이란 자를 쫓아내라!"

신하들은 곧바로 종승을 쫓아냈다.

그 모습을 보고 바라제가 말했다.

"대왕은 이미 도를 행하면서 어찌 사문沙門을 물리치십니까? 제가 비록 아는 것은 없으나 대왕께서 물어 주시길 바랍니다."

왕이 성을 내면서 물었다.

"어떤 것이 부처인가?"

바라제가 대답했다.

"성품을 본 이가 부처입니다."

"대사는 성품을 보는가?"

"나는 이미 성품을 보았습니다."

"성품이 어디에 있는가?"

"성품은 짓는(作用) 곳에 있습니다."

"그것이 어찌 짓는 것이기에 나에게는 보이지 않소?"

"지금 짓고 있음에도 왕 스스로가 보지 못할 뿐입니다."

"나에게도 있소, 없소?"

"대왕께서 만약 짓는다면 없을 수 없습니다. 그러나 대왕께서 짓지 않으면(不用) 본체를 스스로 보기 어렵습니다."

"만약 짓는다면 그때 몇 곳에 나타나오?"

"나타날 때엔 여덟 가지 길이 있습니다."

"그 여덟 가지 길을 나에게 말해주시오."

바라제가 게송으로 대답했다.

태속에선 몸이요

세상에 나와서는 사람이요

눈으로는 본다 하고

귀로는 듣는다 하고

코로는 냄새를 맡고

입으로는 말을 하고

손으로는 움켜잡고

발로는 몸을 옮기네

두루 나타나서는 무수한 세계를 덮고

거두어들이면 모두 한 티끌 속에 드네

아는 이는 그것을 불성이라 하지만

알지 못하는 이는 정혼精魂이라 하네

왕이 이 게송을 듣고 비로소 마음이 열리어 자신의 모든 허물을 뉘우쳤다. 이견왕이 다시 바라제에게 물었다.

"이토록 뛰어난 법문을 전수한 대사의 스승님은 누구십니까?"

바라제가 대답했다.

"나의 스승님은 곧 왕의 숙부이신 보리달마 그 분이십니다."

왕은 깜짝 놀랐다.

"못난 내가 외람되게 왕위에 올라 바른 길을 버리고 삿된 길에 들어 나의 숙부를 잊을 뻔 하였소."

얼마 후 왕이 병을 얻어서 백방으로 치료하였으나 효력이 없었다. 신하들이 사신을 보내어 왕의 병을 구원하길 청하였다. 달마는 곧 왕궁으로 와서 왕의 죄를 참회토록 함으로써 그의 병을 낫게 하였다.

달마, 중국으로 건너가다

달마가 수행하길 어언 67년. 스승 반야다라가 유언한 햇수가 흘렀다. 이제 인도에서 할 일을 어느 정도 마쳤다고 생각한 달마는 중국으로 갈 것을 결심하고는 왕을 찾아갔다. 왕이 만류했지만 달마의 결심은 흔들리지 않았다.

"꼭 가셔야 하겠습니까?"

왕의 말에 달마는 고개를 끄덕였다.

"제가 이렇게 눈물을 흘리며 간청해도 가시겠습니까?"

그래도 달마는 고개만 끄덕였다.

"그렇다면 꼭 다시 돌아오신다는 약속을 하실 수 있습니까?"

역시 달마는 고개만 끄덕였다.

왕은 달마의 항해를 준비하였다.

달마는 우선 제자 불타야사에게 사전답사를 떠나게 했다. 불타야사는 오랜 여정 끝에 겨우 중국에 도달할 수 있었다. 하지만 중국에서 접한 광경들은 달마의 가르침과는 크게 어긋나는 것들이었다. 중국의 승려들은 달마의 사상을 낯선 것으로 배척하였던 것이다. 이에 불타야사는 크게 낙심하여 병으로 죽고 말았다. '너무 일찍 가서 시들지 말라'는 반야다라의 예언이 맞았던 것이다. 이에 달마는 뛰어난 제자의 죽음에 안타까워하면서 참된 불교를 중국에 전해주고자 비로소 동쪽을 향해 출발하였다.

드디어 달마가 바닷길을 출발하는 바로 이 시점에서 지금도 많은 대중들이 알고 있는 전설이 시작된다. 그에 얽힌 많은 육신이탈 설화 중에 한 가지만 살펴보기로 하자.

달마가 배를 타려고 항구에 이르자 수백 년 묵은 큰 고기가 배 드나드는 길목에 와서 죽어 있었다. 많은 배들이 그 길목을 통과하지 못하고 돌아가야 했다. 더구나 그 인근에 사는 주민들의 고통은 이만저만이 아니었다. 썩은 생선 냄새가 진동하였던 것이다.

달마는 그곳 주민들을 위하여 숲 속으로 들어갔다. 그리고 선정에 들어가 자신의 육체를 벗어났다. 그리고 신통력으로 그 물고기의 시체를 먼 바다에 버리고 돌아왔다. 그러나 선정을 풀고 돌아왔을 때 자신의 몸은 오간 데 없고 어떤 선인의 이상한 몸이 있었다.

달마는 다시 신통력을 발휘해 사방을 살펴보았다. 그리고 알게 되었다. 그곳에서 이름 높은 어떤 선인이 숲 속에 달마의 몸이 있는 것을 보고는 얼른 자신의 몸을 벗어버리고 달마의 몸을 바꾸어 가지고 갔던 것이다. 그 선인의 몸은 눈이 새파랗고 수염이 많아서 사람 같지 않았다. 그러나 달마는 빙긋 웃었다. 그때 이미 달마는 자신이 쓰고 있는 육신에 대한 미련을 버렸던 것이다. 그에게 있어 육신은 단지 경우에 따라 입고 벗을 수 있는 단순한 의복에 불과했던 것이다. 이것이 후대에 전하는 달마의 모습이 괴상한 까닭이다.

그러나 이 거짓말 같은 전설은 그냥 만들어진 것이 아니다. 달마가 전하는 법의 요체가 이 전설 하나에 모두 담겨 있는 것이다. 이 세상에 태어난 목숨이면 그 누구든 버릴 수 없는 육신에의 집착, 그것을 버리라고 달마는 이야기 하고 있는 것이다. 그래서 나중에 형성되는 선사상은 모두 이 설화를 기초로 하여 발전하는 것이다.

달마가 어려운 항해를 마치고 중국의 광주에 도착한 것이 양무제 보통普通 원년(520) 9월 21일이었다고 전해진다. 광주 자사 소앙이 바로 이 사실을 무제에게 알리자 무제는 재빨리 달마를 궁궐로 초청하였다.

달마는 11월 1일 수도인 건강에 도착하여 무제와 마주앉게 되었다. 양무제는 역대 중국 왕들 중에서도 열렬한 불교 신자로 이름난 인물이다. 바로 여기서 세기의 문답, 달마와 양무제의 이야기가 비롯된다.

달마와 양무제 옆에 나란히 선 많은 군신들은 숨을 죽였다.

양무제가 물었다.

"나는 지금까지 많은 절을 짓고 경문을 직접 옮기기도 했으며, 또한 많은 승려와 비구니를 육성했소. 그러니 앞으로 얼마나 많은 보답을 받겠소. 가르쳐 주시오."

그때 다른 수행자 같았으면 불법홍포를 위해 많은 자비를 베푼 황제에게 최대한의 찬사를 보내는 것이 당연했다.

양무제는 흐뭇하게 달마의 다음 대답을 기다렸다. '황제의 선행과 공덕이 넓고도 크므로 부처님으로부터 최고의 보답이 있을 것입니다'라는.

그러나 달마는 조용히 말했다.

"그런 것은 공덕이 될 수 없습니다."

무제는 놀라지 않을 수 없었다.

"무엇이라고?"

달마는 다시 말했다.

"무공덕이라 말했습니다."

"어째서 그렇단 말이오? 이 정도의 일이 아무것도 아니라면, 내가 무슨 일을 해야 공덕이 된단 말이오?"

무제가 인상을 찡그리며 말했다.

"그런 일은 할 수 있는 사람이 하는 것이 당연한 일입니다. 하지 않으면 쓰레기가 될 뿐입니다."

무제의 얼굴은 하얗게 변했다. 끓어오르는 분노를 감출 수가 없었다. 둘만이 있는 자리도 아니었다. 많은 군신들이 있는 자리였다. 더구나 많은 사람들은 무제가 부처님을 따르는 어떤 수행자보다 그 공덕과 지혜가 뛰어나다고 믿고 있었던 것이다.

"그렇다면 진정한 공덕이란 무엇을 가리키는가?"

달마는 다시 말했다.

"마음과 지혜가 완전히 하나가 되어 아무런 걱정도 없는 것."

무제는 더욱 화가 났다.

"그러면 불법에서 말하는 깨달음의 첫 번째를 한마디로 말하면 무엇인가?"

"그것은 아무 것도 아닌 것입니다."

"무엇이라고? 아무 것도 아닌 것이라고? 그렇다면 내 앞에 있는 너는 도대체 무엇이냐?"

무제는 막나가고 있었다. 달마를 만난 것은 많은 군신들 앞에서 자신의 공덕을 뽐내기 위해서였다. 그런데 무제는 달마의 황당한 대답만 들어야 했던 것이다.

"내 앞에 있는 너는 무엇이냐 말이다!"

무제는 황제라는 체면까지 버리고 발악을 하였다.

달마는 최후의 한마디를 던졌다.

"그런 것은 나도 모릅니다."

달마와 황제의 문답은 이것으로 끝났다.

이 문답은 달마에 관한 에피소드 중에서도 가장 유명한 것 중의 하나이다. 중국 불법홍포를 위해 먼 길을 달려온 달마도 양무제에 대해 적잖은 기대를 가지고 있었다. 그것은 양무제도 마찬가지였다. 그러나 양무제는 도무지 달마의 말을 이해

할 수 없었다. 그들은 그렇게 쓸쓸히 돌아섰다. 훗날 양무제는 이를 두고두고 후회하였다. 자신의 무지로 하여 달마가 양나라를 떠났기 때문이었다.

스승 반야다라의 말대로 남쪽 나라는 아직 자신의 불교를 퍼트릴 분위기가 성숙하지 않은 것을 깨달은 달마는 조용히 양나라를 떠나 북쪽 위나라를 찾아가기로 마음먹었다. 이때 달마는 갈대를 꺾어 타고 양자강을 건넜다고 전해진다. 물론 그것 또한 달마의 신통력을 존숭한 후대 사람들의 경외가 만들어 낸 이야기이다.

그 후 달마는 후위 효문제孝文帝가 세워 놓았던 숭산에 들어가 힘껏 정진에 몰두했다. 달마는 소림사에 자리를 잡고 법을 전할 제자가 나타날 때까지 고요히 좌선에 잠겼다. 그는 아무 말 없이 밤낮으로 얼굴을 벽에 대고 고요히 앉아 있을 뿐이어서 당시 사람들은 달마를 '벽관바라문'이라고 불렀다. 이는 벽을 바라보는 바라문이라는 뜻이다.

정신을 모아 멈추고 벽을 바라보면,
나와 남이 없고 범부와 부처가 같으리라.

달마가 오기 전에는, 예부터 내려온 제가의 해설은 모두가 이전의 사선팔정이었으며, 여러 고승들이 모두 그것을 수행하여 효과를 얻었다고 했지만 역시 이전의 선 수행의 형태에 지나지 않았다. 그러나 달마는 불립문자(不立文字: 문자로써 부처의 뜻을 세우지 않는다)·교외별전(敎外別傳: 문자·언어·경전에 의해 전해지는 것이 아닌 사제의 마음에서 마음으로 직접 전한다)·직지인심(直指人心: 교리를 추구하거나 계행을 닦지 않고 직접 사람의 마음을 지도한다)·견성성불(見性成佛: 바로 자기의 마음을 파악함으로써 자신이 본래 부처였음을 깨닫는다)의 4구절로 불교의 교의와 역사를 집약했다.

이렇게 달마의 전교는 교학적 체계를 갖춘 중국 불교와는 전혀 다른 면에서 출발하였다. 달마의 전교는 언어와 문자를 모두 불태워 버리고 오로지 직관적 인식에 의존한 이심전심으로 일관하였다.

달마는 자신이 정립한 원리적 방법을 이입理入이라 했으며, 실천적 방법을 사행四行이라 하였다. 이 이입사행은 여러 가지 복잡한 설명이 있어야겠지만 간단하게 말하면 경전의 대의를 이해함으로써 그 뜻을 안다는 뜻이다. 다시 말하면, 범부와 성인을 막론한 일체 생물은 평등한 진리의 본질을 가지고 있지만 많은 사람들은 비본래적 망상에 사로잡혀 그 본질적인 내용을 현상계에 실천하지 못할 따름이라고 확신하는 것이다.

효명제가 달마의 이러한 교의를 듣고 사자와 조서를 보내어 부르기를 세 차례나 하여도 끝내 달마는 소림을 떠나지 않았다. 명제의 뜻은 더욱 굳어져서 마납가사 두 벌과 금발우, 은병, 비단 따위를 하사했으나 달마는 굳이 사양하여 세 번이나 돌려보냈다. 그러나 네 번째, 명제의 뜻이 진심임을 알고, 달마는 그제야 비로소 받았다.

달마는 그로부터 9년 동안 한결같이 자신이 말한 바를 수행하였다. 그러자 승속의 제자가 구름처럼 몰려들었다. 달마는 비로소 다시 서쪽의 인도로 돌아갈 생각을 하고 제자들에게 물었다.

"때가 되었다. 너희들은 얻은 바를 말해 보라."

이때에 도부가 대답했다.

"제가 보기에는 문자에 집착하지 않고 문자를 여의지도 않음으로서 도를 삼가는 것입니다."

달마가 말했다.

"너는 나의 가죽을 얻었다."

총지가 말했다.

"진리는 불국토를 잠시 보는 것입니다. 한 번은 볼 수 있어도 두 번 다시 볼 수 없습니다. 제가 알기에는 아난이 아촉불국을 보았을 때에 한 번 보고 다시 보지 않은 것 같습니다."

"너는 나의 살을 얻었다."

도육이 말했다.

"사대四大가 본래 공하고 오온五蘊이 따로 있지 않으니, 제가 보기에는 한 법도 얻을 것이 없습니다."

"너는 나의 뼈를 얻었다."

마지막 차례, 그의 법을 전해 받게 되는 2조 혜가는 침묵만 했다. 그러자 달마가 혜가의 마음을 읽고는 빙긋 웃었다.

"너야말로 내 골수를 얻었도다."

혜가가 일어나 절을 하자 달마가 말했다.

"옛날에 여래께서 정법안장을 가섭에게 전하였는데 차츰차

즘 전해서 나에게까지 이르렀다. 내가 이제 그대에게 전하노니, 그대는 잘 지키라. 그리고 가사를 겸해 주어 법의 시표를 삼노니, 제각기 표시하는 바가 있음을 알라.”

혜가가 말했다.

“자세히 설명해 주십시오.”

달마가 대답했다.

“안으로 법을 전해서 마음을 깨쳤음을 증명하고, 겉으로 가사를 전해서 종지宗旨를 확정한다. 후세 사람들이 얄팍하여 갖가지 의심을 해서 내가 인도 사람이요, 그대는 이곳 사람이니 무엇으로써 법을 증득했다는 것을 증명할 것이냐고 할 것이니, 그대가 지금 이 옷을 받아 두었다가 뒤에 환란이 생기거든 이 옷과 나의 게송을 내놓아서 증명을 삼으면 교화하는 일에 지장이 없으리라. 내가 열반에 든 지 200년 뒤에 옷은 그치고 전하지 않아도 법이 항하사恒河沙 세계에 두루하리라. 허나 도를 밝힌 이는 많아도 행하는 이가 적으며 진리를 말하는 이는 많으나 진리를 통달하는 이는 적으리라. 진리에 부합해서 비밀히 증득할 이가 천만이 넘으리니, 그대는 잘 드날리어 깨닫지 못한 이를 가벼이 여기지 말라. 한 생각 돌이키면 본래 깨달은 것과 같으리라. 나의 게송을 들으라.”

제자 모두가 고개를 숙이고 달마의 게송을 들었다.

　　悟本來玆土
　　傳法救迷情

一花開五葉
結果自然成

내가 본래 이 땅에 온 것은
법을 전해 어리석은 이를 제도하려는 것이다
한 송이의 꽃에 다섯 꽃잎이여
열매는 자연히 이루어지리라

달마는 곧바로 제자들을 거느리고 우문의 천성사로 가서 사흘을 묵었다. 그때 부처의 법에 약간의 관심이 있던 그 고을 태수 양현지가 찾아와 달마에게 물었다.

"서역 인도에서 스승의 법을 전해 받고 조사祖師라 한다는 데 그 도가 어떠합니까?"

달마가 대답했다.

"부처님의 마음자리를 밝혀 행과 지혜가 서로 응하는 것을 조사라 하오."

"그 밖에는 어떠합니까?"

"모름지기 다른 이의 마음을 밝히고, 고금을 알고, 있음과 없음을 싫어하지 않고, 법에 집착이 없으며 어질지도 어리석지도 않고, 미혹도 깨달음도 없나니, 이렇게 아는 이는 조사라 하오."

"제가 삼보에 귀의한 지도 몇 해가 되었건만 지혜가 혼몽하여 아직도 진리를 미혹하고 있었는데 이제 대사의 말씀을 듣

고, 미혹도 깨달음도 없나이다. 바라옵건대 대사께서 세간에
오래 머무시어 많은 대중들을 교화해 주소서.”

달마가 대답했다.

“나는 가야 하오. 오래 머무를 수 없소. 근기와 성품이 만
가지 차이가 있으므로 많은 환란을 만날 것이오.”

“누구이옵니까? 제가 대사를 위해서 제거해 드리겠습니다.”

“나는 부처님의 비밀을 전해서 어리석은 무리를 이롭게 할
뿐인데 남을 해치고 내가 편함은 이치에 맞지 않소.”

“만일 대사께서 말씀하시지 않으면 제가 어찌 대사의 신통
변화와 관찰하는 힘을 표시하겠습니까?”

달마는 할 수 없이 예언했다.

강의 돛대가 옥 같은 물결을 가르고
통 속에 횃불을 비춰 쇠고리를 연다
오五자와 구口자를 같이 행하는 이가
구九자와 십十자를 분별하는 생각 없다

양현지가 그 말을 듣고 까닭을 몰라 하면서도 잠자코 속으
로만 기억한 채 물러갔다.

그때에 위나라 왕족들이 불교를 받아들여 이름난 승려들이
많았다. 그중에서도 율사인 광통과 삼장인 보리유지는 승단
가운데 가장 뛰어난 이들이었다. 그러나 그들은 달마가 도를
설할 때에 형상을 배척하고 바로 마음을 지적하는 것을 보고

늘 달마와 토론을 벌이고 시비를 일으켰다. 그들은 달마의 새로운 선풍이 세상에 널리 알려지는 것을 시기하여 달마의 음식에 독을 넣었다. 달마가 그것을 모를 리 없었다.

어느 날 달마가 혜가에게 말했다.

"나에게 능가경 네 권이 있는데 그것마저 그대에게 전하노니 이는 곧 여래께서 마음자리를 가르치신 요긴한 법문으로서 중생들을 깨달음에 들게 하신다. 내가 여기에 온 뒤에 다섯 차례 독을 맞았는데 항상 꺼내어서 시험한 바 돌에다 놓으면 돌이 깨졌었다. 내가 본래 인도를 떠나서 여기에 왔을 때에 적현신주에 대승의 기상이 있음을 보고 바다를 건너고 사막을 지나서 법 전해 줄 사람을 구했는데, 매양 만나면 계합되지 않아 마치 어리석은 이 같고 말더듬이 같더니 이제 너를 얻어 법을 전하였으니 내 일은 이미 끝났도다."

이윽고 광통과 보리유지와 무리들이 여섯 번째에 독을 주자 달마는 단정히 앉아서 입적하였다. 후위의 효명제 태화 19년 병진년 10월 5일이었다.

그 해 12월 28일, 제자들이 그를 웅이산에 장사지내고, 정림사에 탑을 세웠는데 그 뒤로 3년 만에 인도에 사신으로 갔던 송운이 파미르 고원에서 달마를 만났다. 달마는 주장자(拄杖子: 선사禪師들이 좌선할 때에나 설법할 때에 가지는 지팡이)에 신 한 짝을 들고 유유히 가고 있는 중이었다.

송운이 물었다.

"대사는 어디로 가십니까?"

"서천으로 가노라. 너의 임금은 이미 돌아가셨느니라."

송운이 귀국해보니 과연 명제明帝는 이미 승하하고, 효장제가 즉위하였다. 송운이 돌아오다가 겪은 일을 왕에게 보고하니 왕은 달마의 무덤을 파게 하였다. 그런데 관 속에는 신이 한 짝 있을 뿐이었다. 온 조정이 깜짝 놀랐고, 황제의 명에 따라 남은 신을 가져다 소림사에서 공양하였다. 그리하여 이제 2조 혜가의 시대가 열리게 된다.

선종이 중국 땅에 이식된 인도 품종의 큰 나무라면 가지치기와 잎 다듬기를 한 정원사가 바로 달마와 그의 제자들이다. 달마대사는 타협이나 방편을 쓰지 않고 직설로써 정법의 핵심을 가르쳤다. 마지막으로 여기에 훗날 양무제가 자신의 어리석음을 한탄하며 달마를 추모하여 새긴 비문의 내용을 기록한다.

슬프도다. 보고도 보지 못했고 만나고도 만나지 못했으니.
지난 일, 오늘날에 뉘우침이 그지없도다.
짐은 한낱 범부로서 감히 그 가신 뒤에 스승으로 모시나이다.

제2조 ^{혜가}

글의 맨 첫머리에 밝힌 바대로 달마의 법을 이은 2대 조사 혜가(慧可, 487~593)의 성은 희씨姬氏이다. 어머니가 이상한 광채가 집안에 비치는 꿈을 꾸고 그를 낳으니 이름을 광광光光이라고 불렀다. 그는 30세에 향산사에서 머리를 깎고 출가했다. 그가 출생한 시대는 중국이 남북조로 나뉜 복잡다단한 때였다. 온 나라가 전쟁에 휩싸여 있었고 크고 작은 나라들이 마치 물거품처럼 일어났다 사라졌다.

어려서부터 총명한 데다 용모가 수려해 부모의 자랑이던 그는 노장과 유학 사상을 깊이 공부했는데 특히 '시경' '역경'에 정통했다고 전한다. 그러나 철이 들면서 어지러운 세상살이에 염증을 느끼고 세속의 지식이 궁극적인 것이 아님을 깨달아 불문에 들어선다.

그가 출가한 곳은 낙양 용문의 향산사, 스승은 보정이었다. 신광(혜가)의 학식과 인품, 덕성은 곧 널리 알려졌다. 마침내 그는 위나라의 국사 자리에까지 오르게 되었다. 국사란 왕을 보좌하며 국정을 함께 하는 승려이다.

그는 문무백관이 지켜보는 가운데 왕실에서 매달 설법을 했다. 그러나 정작 그의 내면은 치솟는 번뇌의 불길 때문에 행복하지 않았다. 그러던 어느 날 신광이 선정에 들었는데, 홀연히 한 선인이 나타나 말했다.

"머지않아 과위(果位: 깨달음의 지위)를 얻을 그대가 어찌하여 여기에 막혀 있는가? 남쪽으로 가라."

이튿날 신광은 머리가 터질 것처럼 아팠다.

이를 본 그의 스승 보정이 고치려 하자, 하늘에서 큰 소리가 들렸다.

"지금 신광은 뼈를 바꾸고 있는 중이다. 예사 아픔으로 생각하지 말아라."

그제야 신광은 스승에게 선인이 말한 바를 이야기했다.

그러자 보정이 그에게 말했다.

"네 얼굴이 길하고 상스러우니 반드시 얻는 바가 있으리라. '남쪽으로 가라' 함은 소림을 일컫는 것이니, 필시 달마대사가 너의 스승이리라."

이렇게 혜가는 책의 첫머리에 소개한 대로 팔을 끊어 바침으로서 달마의 제자가 되었다. 그러나 목숨까지 버릴 각오로

공부하던 혜가도 부처님의 정법이 무엇인지 알 수 없었다.

그는 너무 괴롭고 불안하여 스승 달마를 찾아가 문을 두드렸다.

"누구냐?"

"스님, 저 혜가입니다."

"들어오너라. 그런데 무슨 일이냐?"

"제 마음이 편치 않습니다. 마음을 편안케 해 주십시오."

"편치 않은 마음을 가져오너라. 그럼 내가 너의 마음을 편안케 해 주겠다."

혜가는 스승께 사실대로 말했다.

"아무리 찾아보아도 불안한 마음이 어디에 있는지 찾을 수가 없습니다."

"내가 너의 마음을 이미 편안케 해 주었다."

달마의 그 말은 혜가에게는 천둥이고, 번개였다. 혜가는 활짝 웃었다. 눈을 뜨면 항상 내가 있다는 착각에 빠져 불안했던 혜가는 달마의 이 안심법문을 통해 불생불멸의 진리를 깨달았던 것이다. 마침내 혜가는 붓다로부터 전해진 서천의 28대 달마의 법을 이어 받고 법의 증표로 부처님의 금란가사를 받아 달마를 초조로 하는 선종 2대 조사가 되었다.

혜가가 달마 밑에서 그렇게 공부하기를 5년.

그는 도부, 담림 같은 수행자와 함께 생활했다. 도부는 15세쯤 달마의 제자가 되었다고 한다. 그의 속성은 왕씨였고, 천성적으로 선정의 고요함을 좋아하였으며 식량을 준비하여 스승을 찾아다녔다고 한다. 그러던 중 동굴에 숨어 수행하는 달마를 만나 제자가 되었다는 것이다.

달마선법을 익힌 그는 남행하여 양나라 건강 부근의 정림사에 머물렀는데, 양무제는 도부를 예우하여 금릉의 개선사에 주석토록 하였다고 한다. 이후 도부는 사천성의 아미산 등지를 만행하다가 말년에는 다시 개선사로 돌아와 입적하는데, 달마가 "너는 내 가죽을 얻었다"고 하였으니 혜가의 사형이었음이 분명하다.

도부와 혜가 사이에 갈등이 있었다는 기록이 없는 것으로 보아 도부는 원만하고 너그러운 성격의 사형이었던 것 같다. 달마의 최초 제자임에도 불구하고 달마의 제1 제자 위치를 혜가에게 물려주고 멀리 양나라로 떠난 것이다. 혜가는 맑고 따뜻한 심성을 가진 도부와 마주하는 것만으로도 행복했던 것이다.

또 한 사람의 수행자 담림은 달마의 '이입사행론'을 모아 엮고 서문을 쓴 수행자로서 혜가와는 동고동락한 수행자였다. 담림은 달마를 만나기 전에는 유명한 학승이었다. 혜가는 담림과 함께 탁발을 다니기도 했다.

그런데 어느 날 담림은 도둑을 만나 팔을 하나 잘리게 된다. 담림이 혜가를 찾아와 고통을 호소하자, 혜가는 상처를 불에 태워 지혈을 시키고는 천으로 싸매 주었다. 그날부터 혜가는 혼자 탁발하여 얻어온 양식으로 담림을 간호했다. 다음날 혜가가 담림에게 먹을 것을 주고는 말없이 밖으로 나가려 했다. 그러자 통증으로 밤새 끙끙 앓던 담림이 화를 냈다.

"혜가여, 아무리 내 팔이 잘려 이 꼴이 되어 있다지만 어떻게 그대마저 나를 병신 취급하는가."

"왜 화를 내는가. 보리로 만든 떡이 눈앞에 있으니 그대의 입으로 스스로 먹으면 되지 않겠는가."

"무슨 소린가. 도둑에게 팔이 잘려 꼼짝도 못하고 있는데 무슨 소리를 그렇게 하는가."

"담림이여, 나 또한 팔이 하나 잘려 없다네. 왜 그렇게 화를 내는가."

혜가가 소매를 걷어 팔이 하나 없음을 보여 주자 담림은 깜짝 놀라고 만다. 일찍이 혜가가 담림과 같은 상황에서 고통을 극복할 수 있었던 것은 공관을 익혀 마음을 다스릴 줄 알았기 때문이었다.

담림은 혜가에게 사죄했다.

팔이 하나씩 없는 수행자라 하여 사람들은 그들을 가리켜 무비림無臂林이라 불렀다. 혜가는 곁의 그런 뛰어난 수행자들과 함께 수행하며 드디어 불교의 진리를 구명하여 명확한 오의에 통달했다. 혜가는 달마를 만나게 됨으로써 그의 관점을 진제제일의眞締第一義로 고정시킬 수 있었으며 헤맴(방황)을 극복하고 오직 진제를 깨닫기 위해 일생을 불법홍포에 힘을 기울일 수 있었다.

혜가는 행주좌와 어묵동정行住坐臥 語默動靜 간에 언제든 마음이 진실을 지향하여 상대의 동향에 따라 가르쳐 지도했다. 그의 지도방법은 붓다의 그것과, 또한 달마의 그것과 일치

했다. 소리의 울림에 응하는 것처럼, 모든 사물에 관하여 깨달음을 알려주고, 행동을 통해 이해에 이르도록 해 주었다.

혜가는 여러 지방의 곳곳을 다니며 많은 사람들을 교화했다. 그래서 혜가를 시기하는 승려들이 나타났다. 보리유지와 광통의 제자들이었다. 그들은 그에게 독물을 먹였다. 그런데도 혜가는 독물을 먹었다. 독물이 그를 해칠 수는 없었다. 혜가는 이름을 감추고 미친 사람 행세를 하며 저자거리에서 설법했다. 혜가는 머슴살이도 마다하지 않았다.

이를 보고는 사람들이 물었다.

"덕이 높으신 스님께서 왜 머슴살이를 합니까?"

"내 마음을 내가 길들이고 있는데 무슨 참견을 하십니까?"

이렇게 그의 독특한 지도를 받아 깨달음을 연 사람이 날로 증가했다.

수많은 사람들이 그의 거리 설법을 경청하기 위하여 모여들었다. 마침내 보리유지 제자들이 혜가를 가리켜 '수상한 사람'으로 몰아 관가에 고발했다. 혜가를 조사한 관리는 보리유지 제자들의 주장대로 그가 확실히 수상한 사람이라고 결론을 내렸다. 혜가 스스로 자신을 '나는 틀림없이 수상한 사람'이라고 말했던 것이다.

현감은 마침내 법대로 그를 처형하도록 하였다.

혜가는 이때 여러 사람들에게 말했다.

"전생에 지은 묵은 허물의 빚을 이제야 갚는구나. 나의 법문은 4대 조사 때에 이르러 그 이름만 가질 뿐 타락할 것이다.

참으로 슬픈 일이다."

달마를 초조로 하여 혜가, 승찬, 도신, 홍인, 혜능으로 이어지는 능가주의 운동가들은 분명히 '능가경'을 소의경전所依經典으로 해서 절대 진리를 구명하고자 노력했다. 그렇지만 혜가가 미리 예측했던 대로 훗날 능가경은 4대(승찬-도신-홍인-혜능)가 지나고 난 후에는 형식적인 분석으로 전락하고 말았던 것이다.

달마는 분명 원리적 방법과 실천적 방법을 통해서 절대 진리를 답습하고자 했다. 그러나 혜능의 뒤를 이은 회양은 물론이고 그 뒤를 잇는 모든 조사들이 능가경을 중요하게 생각하지 않았다. 혜가의 거듭된 당부를 어기고, 다시 말하면 능가주의와 반야주의를 어기고 초기 선종과는 전혀 다른 선종을 향했던 것이다.

혜가는 마침내 형을 받고 입적했다. 그러나 그의 얼굴빛은 평소와 다름이 없었고 그의 몸에서는 흰 젖이 흘러나왔다. 현감 택중간은 혜가의 최후 모습을 그대로 황제에게 전했다. 북주의 황제(무주)는 크게 후회했다.

"그야말로 참다운 보살이었구나. 우리의 실수로 참된 사람을 억울하게 죽게 했구나."

조정의 신하들은 혜가의 의연한 죽음으로 하여 모두 불교에 귀의했다. 그로 하여 북주의 불교 억압정책은 철회되었으며 불법은 다시 흥왕하기 시작했다. 당시 혜가의 나이는 107세였다. 그의 마지막 전법게는 다음과 같다.

本來緣有地
因地種花生
本來無有種
花亦不會生

본래부터 마음 땅이 있어
그곳에 씨를 뿌려 꽃이 피지만
본래 종자가 없음으로
꽃도 역시 피는 것이 아니로다.

제3조 ^{승찬}

중국 선불교 제2대 조사인 혜가의 뒤를 이은 것은 승찬(僧璨, ?~606)이었다. 마흔이 넘도록 승찬은 문둥병으로 인해 차마 눈뜨고는 볼 수 없는 몰골을 갖고 있었다. 그는 자신이 무슨 죄를 지어 이런 병을 앓게 됐는지 알고 싶어 했다.

이 '알고 싶다'는 최초의 의문은 아주 중요한 철학적 행위였다. 사실 역사의 위대한 발견이나 획기적인 사상의 전환도 따지고 보면 이 '알고 싶다'는 물음에서 출발한다. 남들은 모두 당연하게 여기는 것들에 대해 '나는 그것을 따져 알고 싶다'는 마음이야말로 깨우침의 시작이다. 천형과도 같은 문둥병을 그대로 받아들이며 살 수도 있었지만 승찬은 그렇지 않았다. '왜?'라는 의문을 가슴에 품었던 것이다.

어느 날 승찬은 혜가의 명성을 접했다. 앞서 밝힌 바대로 혜가는 당시 여러 지방을 돌며 법을 설하고 있었다. 승찬은 속인의 몸으로 혜가를 만났다. 얼기설기 얽은 얼굴에 더러운 옷차림을 한 그는 혜가를 만나자마자 부끄러움을 느낄 겨를도 없이 그의 발 아래 자신의 몸을 던졌다.

"저는 이렇게 문둥병을 앓고 있습니다."

혜가가 조용히 물었다.

"그래서?"

"제가 왜 이런 고통을 받아야 하는지 알고 싶습니다."

혜가는 난데없이 나타난 승찬을 지긋한 미소로 내려다보기만 했다.

혜가가 말이 없자 다시 승찬의 물음이 이어졌다.

"도대체 제가 무슨 죄를 지었기에 이런 고통을 겪고 있는 것입니까?"

그러자 이름도 밝히지 않은 채 발 아래 엎드린 추한 몰골의 중년 남자에게 혜가는 부드럽게 말했다.

"그 죄를 내게 가지고 오라. 그것을 내가 없애 주겠노라."

잠깐의 침묵이 이어졌다.

승찬이 다시 입을 열었다.

"죄를 찾아도 찾을 수가 없습니다."

혜가는 빙긋 웃으며 말했다.

"그렇다면, 네 죄는 다 없어졌다. 찾을 수도 없는 죄에 묶여 고통 받는 헛된 일에 흔들리지 마라. 그대는 그저 불·법·승

삼보에 의지하여 안주해라.”

“지금 화상을 뵈옵고 승보는 알았으나 어떤 것을 불보·법보라 합니까?”

“마음이 부처며 마음이 법이니라. 법과 부처는 둘이 아니요, 승보도 또한 그러하니 그대는 알겠는가?”

“오늘에야 비로소 죄의 성품은 마음 안에도 밖에도 중간에도 있지 않음을 알았으며, 마음이 그러하듯 불보와 법보도 둘이 아닌 줄 알았습니다.”

승찬은 한순간 자신을 평생 옥죄어오던 고통으로부터 벗어나 몸과 마음이 개운해진 것이다.

혜가는 제자의 머리를 깎아주며 말했다.

“너는 나의 보배다. 법을 이어받는 구슬이라는 의미로 승찬僧璨이라 하라.”

혜가는 ‘편치 않은 그 마음을 내게 보이라’는 스승 달마의 가르침을 이어받아 다시 자신의 제자에게 ‘죄를 내게 보이라’는 가르침을 준 것이다. 혜가의 말은 ‘지금 너를 휘젓고 있는 그 고통의 실체, 그 죄의식의 실체 역시 결국 네가 만든 것에 불과하다’는 의미였을 것이다.

승찬은 그날로 혜가를 스승으로 삼고 출가했다. 하지만 문둥병이 나은 후에도 머리카락이 하나도 나지 않았으므로, 사람들은 그를 적두찬赤頭璨이란 별명으로 불렀다. 이는 ‘대머리 붉은 살 뿐’이라는 뜻이다.

그리고 그는 선종의 제3조가 되었다.

"너는 깊은 산 속에 들어가 숨어라. 바삐 교화에 나서지 마라. 머지않아 국난이 있을 것이다."

승찬은 스승 혜가의 말대로 서주 완공산에 들어가 은거했다. 승찬이 출가한 때는 참으로 어려운 시대였다. 420년경 중국에 남북조시대가 열리면서 무려 200여 년에 걸쳐 왕조의 흥망성쇠가 일어났다. 백성들은 도탄에 빠졌다.

이 시기 불교는 대부분 기복적인 불사에 치중했고, 교단은 국가권력과 밀착해 위세를 과시하는 데 급급했다. 먹고살기 힘든 백성들은 대승불교 사상의 높은 이상보다는 주술적이고 현세 중심적인 불교를 선호했다.

게다가 6세기 후반에는 북주 무제가 승려들을 죽이고 절을 불태우는 전대미문의 폐불을 저질렀다. 승찬은 비록 산으로 들어갔으나 이를 전화위복의 계기로 삼아 순화되고 축적된 불교적 에너지를 만들어내는 일을 했다.

완공산은 워낙 산세가 험준하여 사람이 살 수 없었다. 인적이 끊긴 악산인지라 맹수들이 들끓었다. 인근에 사는 주민들이 맹수들에게 살상을 당하는 일도 잦았다. 그러나 승찬은 이곳에서 신심명을 완성하며 10년 이상을 수행 정진하였다.

다음과 같은 소문은 입에서 입으로 전해졌다.

"달마조사가 법통을 전승해 준 이래로 승찬 선사처럼 신비롭고 찬란하게 빛을 일으키는 수행자는 없다. 선정과 지혜가 평등하게 작용하는지라 그가 갖는 깊은 생각은 누구도 범접할 수 없이 높다."

승찬은 법난이 잠잠해진 다음 여러 제자들과 함께 나부산으로 돌아가 몸을 감추고 다시 3년 동안 칩거했다. 그리고 서기 606년 처음으로 산문을 벗어나 밖으로 나왔다. 수나라 양제 때였다. 그는 그의 법문을 듣기 위해 구름처럼 몰려든 대중 앞에서 사자후를 터뜨렸다.

"여기 있는 것은 유일무이한 진실일 뿐 제2도 없고 제3도 없다. 따라서 깨달음의 경지는 거기에 숨겨져 있고, 언어 표현이 미치지 못한다. 진리의 주체는 망망하고 고요하여 듣고 볼 수 없음을 알게 된다. 글자와 말은 소용없는 사설에 지나지 않는 것이다."

승찬은 다시 말했다.

"나는 지금 당장 무엇이든 먹고 싶다."

제자들이 음식을 바쳤다.

마음껏 음식을 먹고 난 승찬은 다시 목청을 높여 말했다.

"세상 사람들은 모두 좌선에 든 채로 죽는 것을 우러러 보고 훌륭하다고 말한다. 그대들은 앉은 채 죽는 것을 기이하게 여길 것이나 나만은 생사를 자유자재로 한다. 나는 이제 선 채로 죽으려 한다. 나는 생사를 자유롭게 할 수 있다."

그는 말을 마친 후 한쪽 손으로 회의장 앞의 나뭇가지를 잡고 조용히 선 채로 입적했다. 그는 누에고치 속에 갇혀 있던 벌레가 자기를 속박하던 두꺼운 껍질을 벗고 드높은 창공을 향해 날아오르듯, 달랑 나뭇가지 하나를 손으로 잡은 채 조용히 자신의 빈 껍질을 떠나 하늘로 날아올랐다.

붓다와 달마, 그리고 혜가가 그랬듯이 당시로 보면 승찬의 사상 또한 가히 혁명이었다. 1조 달마와 2조 혜가가 설한 '마음의 문제'라는 생각의 혁명을 이어, 처음으로 '깨달음이란 어떤 마음 상태인가'를 구체적으로 적시하고 있기 때문이다.

그러나 그 무엇보다도 큰 그의 공적은 고금의 명작, 선시禪詩 '신심명信心銘'을 남긴 것이다. 신심명은 사언절구의 시문으로 전체 146구 584자로 구성된 소품이지만 내포하고 있는 선지나 사상의 심오함으로 예로부터 선가의 귀감으로 애송되어 왔다. 물론 오늘날에도 수행하는 이들에게 있어 없어서는 안 될 수행의 지침서 역할을 하고 있다.

'신심명'은 중국 초기 선의 중심 문제인 불성을 중도의 공사상에 입각해 설명하고 있다. '지극한 도는 걸림이 없는 것, 분별하는 일을 싫어한다. 미움도 사랑도 없으면 모든 것이 명백하다'는 구절처럼 미움과 사랑, 옳음과 그름, 선과 악, 이른바 흑백논리에 입각한 어느 한쪽에 치우친 견해를 갖지 않아야 한다는 당부이다. 그래서 이 글은 불가에 있어서 참으로 중요한 위치를 차지한다. 선이나 교를 막론하고 불교 전체를 통해서 양변을 모두 통합한 중도가 불교의 근본사상임을 표현하고 있기 때문이다.

至道無難
唯嫌揀擇
但莫憎愛

洞然明白

지극한 도는 어렵지 않나니
오직 간택함을 꺼릴 뿐이니
미워하고 사랑하지만 않으면
통연히 명백하리라

　'신심명' 가운데에서도 가장 중요한 구절은 앞의 네 구절이
다. 지극한 도는 우리가 본성을 알고자 한다면 그 정체는 어려
운 것도 멀리 있는 것도 아니요, 가까운 곳에 현실로 드러나
있음을 보여주고 있다. 다만 우리가 양변적인 원리, 즉 이원론
에서 움직이고, 그 이원론에서 움직이기 때문에 집착이 생기
고, 실체가 없는 것을 있는 것으로 착각하고 그래서 다시 집착
이 생기는 것일 뿐이라는 것이다.
　결국은 우리가 보고 있는 모든 중생심은 허상이고, 참으로
알고 있는 것이 아님을 '신심명'은 일깨워준다. 본성자리는 본
래 부동한 자리에서 인연을 수순하면서 어느 한 곳에 머무르
는 자리가 아니다. 이것이 바로 정견이고, '신심명'에는 그 정
견이 고스란히 드러나 있다.

信心不二
不二信心
言語道斷

非去來今

믿는 마음은 둘이 아니요
둘이 아님은 믿는 마음이니
언어의 길이 끊어져서
과거 미래 현재가 아니로다

　'신심명'의 마지막 구절이다. 마음을 믿는 것은 본래 성불
을 믿는다는 것이다. 우리가 본래 부처라는 것이다. 본래 부처
를 믿는 마음이 흔들리지 않게 하면서 확신하라는 것이다. 승
찬은 그렇게 살다가 갔다.
　그의 전법게는 다음과 같다.

華種雖因地
從地種華生
若無人下種
華地盡無生

꽃씨를 땅에 뿌리므로
그곳에서 꽃이 피지만
만약 꽃씨를 뿌리지 않는다면
땅도 나지 않느니라.

제4조 도신

중국 선종의 제4조는 도신(道信, 580~651)이다.

그의 속성은 사마司馬이고, 태어난 곳은 지금의 허난성 심양이다. 그는 일곱 살 어린 나이에 출가했다. 그러나 늘 배움에 갈증을 느꼈다. 그러다 열네 살 되던 해 어린 사미沙彌의 몸으로 당시 여든 두 살이던 제3조 승찬을 만난다.

열네 살이라고는 하나 도신의 눈매는 형형했다. 그는 승찬의 법문이 끝나자 별안간 자리를 박차고 일어나 승찬 앞으로 다가가 예를 올리며 대뜸 이렇게 물었다.

"무엇이 불심입니까?"

어린 사미의 당돌한 물음에 승찬은 깜짝 놀랐다.

잠시 후 승찬은 그에게 되물었다.

"지금 네 마음은 어떠냐?"

어린 도신은 승찬의 물음에 거침없이 대답했다.

"저는 지금 마음이 없습니다."

"네가 마음이 없는데, 어찌 부처님에게 마음이 있겠느냐?"

도신은 아무 말이 없었다.

그리고 잠시 후 말했다.

"제가 해탈할 수 있는 법문을 일러주소서."

"해탈이라니, 누가 너를 묶었더냐?"

"…… 아무도 묶지 않았습니다."

"묶은 이가 아무도 없는데, 그렇다면 너는 이미 해탈인이다. 어찌하여 다시 해탈을 구하는가?"

승찬의 말을 듣고 있던 어린 도신의 가슴 속에는 환희의 불꽃이 피어올랐다. 마치 어둠의 터널을 빠져나온 듯 크게 깨달음을 얻은 것이다. 승찬의 이 법문은 후대에 의해 해탈법문으로 일컬어졌다. 이 해탈법문은 자신의 마음을 '묶은 자'는 다름 아닌 자신, 자기의 마음임을 정곡으로 파고들었다는 점에서 앞서 소개한 '불편한 마음' '죄의식에 사로잡힌 마음'의 예와 일맥상통한다.

도신은 이후 승찬의 문하로 들어가 그를 9년간 보좌한다.

결국 승찬은 도신을 4대 조사로 삼아 옷과 발우를 전해주며 말했다.

"나에게서 법을 받았다고 절대로 말하지 말아라."

승찬의 의발을 이어받은 뒤 도신은 양자강에 맞닿은 기주

쌍봉산으로 거처를 옮기고 그곳에서 30여 년간 주석하면서 중생 교화에 힘썼는데, 대중의 수가 500여 명에 이르렀다.

그는 이후 60년 동안 장좌불와長坐不臥했다. 잦은 전란으로 인심이 황폐해진 수나라 말엽에 500여 명의 수도자가 한 스승의 문하에서 수행생활을 했다는 것은 예사로운 일이 아니었다. 도신은 당시 폐불과 전란으로 인해 명맥이 쇠약해진 선종 교단에 새로운 활력을 불어 넣었다. 그렇기 때문에 도신이 중국 선종사에서 갖는 의미는 크다.

수나라 13년의 일이었다.

길주성을 도적들이 79일 간 포위했을 뿐 아니라, 성내의 우물마저 모두 말라버렸다. 성안 백성들이 모두 죽게 될 지경에 이르렀다. 이것을 본 도신은 길주성 안으로 들어가 백성들에게 『반야심경』의 「마하반야바라밀」을 독송시켰다. 이에 도적들은 겁을 먹고 슬금슬금 도망쳐 버렸고, 그때까지 말라있던 성안의 우물에서 다시 물이 솟아 넘쳤다고 한다.

그 무렵 중국은 수나라가 망하고 당나라가 들어서는 역사적 혼란기였는데 『반야경』이 사회적 불안기의 백성들에게 얼마나 큰 안심법력을 주었는가를 알게 해주는 일화이다.

달마가 혜가에게 전한 법은 '능가법'이었고 이 『능가경』 중심의 선은 승찬에게 승계되었지만, 도신에 이르러 『능가경』 중심은 『반야경』으로 바뀌게 되었다. 『능가경』은 구조와 설명이 복잡하여 학문이 깊은 학자층 외엔 이해하기가 어려웠으므로, 대중은 수행발심의 엄두조차 내지 못했던 까닭에 불교란 어렵다는 인식이 있었다. 도신은 이 점을 알아 『반야경』을 외고 경을 일념함으로써 대중들의 심력을 길러주었던 것이다.

선이 이론이나 철학으로 그치는 것이 아니라 실제 생활에서도 경험하고 실천할 수 있다는 점이 대중들에게 알려졌고, 이로써 도신은 달마선을 금강경의 반야사상으로 탈바꿈시킨 주역이 되었다.

당나라 태종이 도신의 법을 전해 듣고 왕궁으로 오라는 조서를 보냈다. 그러나 도신은 병이 깊다는 핑계로 세 차례나 사양했다.

드디어 황제가 마지막 사자를 보냈다.

"정말 움직일 수 없다면 대사의 목이라도 잘라 오라고 했습니다."

사자는 추상같이 말했다.

도신은 빙긋 웃었다.

"그럼, 그렇게 하시게."

도신은 태연한 낯빛으로 목을 길게 뽑아 칼 앞에 머리를 내밀었다. 놀란 사자는 그냥 돌아갈 수밖에 없었다. 황제는 이 이야기를 전해 듣고 그에게 진귀한 비단을 올리고 더욱 공경하였다.

도신의 선사상은 그가 찬술했다고 전해지는 『입도안심요방편법문入道安心要方便法門』을 통해서 잘 알 수 있다. 도신은 이 책에서 일체의 모든 인연을 멈추고 망상을 쉬게 하고 심신을 놓아버려서 항상 자기의 청정한 본심을 보는 '안심安心의

대도大道를 깨닫는 가르침'을 강조한다. '안심의 대도'를 깨닫는 5가지의 구체적인 방편문(좌선행)을 설파하고 있는 것이다.

첫째, 마음이라는 주체를 자각할 것.

둘째, 마음의 작용을 알 것.

셋째, 마음이 작용함에 한순간도 정체하는 일이 없는 마음의 상태를 잡아서 외부의 경계와 함께 끝없이 활동하는 마음을 깨닫도록 할 것.

넷째, 항상 자신이 공적하여 일체의 존재에 걸림이 없음을 관찰할 것.

다섯째, 한 가지를 지켜 움직이지 않을 것(守一不移).

위의 5가지 방편문의 정수는 수일불이이다. 그는 좌선에 대한 구체적인 실천항목들을 제시함으로써 선종이 비로소 중국화하는 계기를 마련하였다.

'수일불이'란 훤하고 깨끗한 눈으로 정신을 가다듬어 한 물건을 들여다보고 밤낮의 구별 없이 힘닿는 데까지 노력하여 언제고 움직이지 않는다는 말이다. 결국 도신의 선사상은 '수일불이'의 한 마디로 집약된다고 할 수 있다.

수일불이의 구체적인 실천법이 좌선행이고, 이것이 뒤에는 화두로 바뀐다는 점을 생각해 본다면, 좌선에 대한 구체적인 실천항목들을 제시함을 통해서, 불교 본래의 가치인 수행력을 회복하게 하였다는 점과, 이를 통해서 선종이 비로소 중국화되는 계기를 마련하였던 것이다.

도신은 임종에 이르러 제자 홍인을 불렀다.

“나를 위하여 탑을 만들도록 하라. 나의 목숨은 오래지 않을 것이다.”

도신은 홍인에게 자신의 임종이 가까웠음을 알린 연후에 탑을 쌓도록 했다.

대중들이 도신에게 물었다.

“스님은 어찌 부촉(법을 전하는 의례)을 하지 않습니까?”

그러자 도신은 혼연히 대답했다.

“오늘에 이르기까지 부촉한 바 적지 않다. 모든 존재는 그대로가 바로 해탈의 도리이니 너희들은 각자 잘 보호하여 힘을 다해 교화하고 또 교화하라.”

도신은 말을 마침과 동시에 입적했다. 서기 651년, 그의 나이 72세였다.

도신의 임종과 제자인 홍인에게의 부촉은 이렇게 이루어졌다.

도신이 입적했을 때 산 중의 500여 대중과 산 밑의 모든 이들이 슬퍼했다. 쌍봉산을 둘러싼 모든 숲과 들의 나무들이 하얗게 변했고, 요사채 옆의 오동나무는 가지를 굽혀 도신의 방을 향했다고 전해진다. 도신이 입적한 다음 해, 제자인 홍인이 도신의 탑을 열어보니 입적할 때 그대로 단정히 앉아 있었다고 전한다.

그의 전법게는 다음과 같다.

華種有生性
因地華生生

大緣與信合
當生生不生

꽃씨는 생성하는 성품이 있나니
땅을 의지하여 피고 또 피도다
큰 인연과 믿음이 어울려 합하지만
이 생은 남(生)도 불생도 아니로다

제5조 ^{홍인}

중국 선종 제5조는 홍인(弘忍, 601~674)이다.

그의 속성은 주周이고, 태어난 곳은 호북성 황매현이다. 동네 사람들은 그를 무성無性이라고 불렀다.

어느 날 4조 도신이 황매현으로 볼 일이 있어 가던 중에 길에서 한 어린아이를 만났다. 그 아이의 풍모가 남달리 빼어났으므로 도신이 그 아이에게 물었다.

"너의 성이 무엇이냐?"

무성이가 대답했다.

"불성입니다."

도신은 기특하게 여기면서 다시 물었다.

"너는 무성이 아니더냐?"

"불성은 공하기 때문입니다."

도신은 12살의 이 아이가 큰 법의 그릇이 될 것임을 알고 부모의 허락을 얻어 제자로 삼고 홍인이라 이름하였다.

홍인은 선천적으로 말이 적고 소박하였다. 낮에는 스승 도신이 시키는 일에 열중하면서, 말없이 노동에 힘썼기 때문에 같이 수행하는 사람들의 칭찬을 받았다. 그러나 밤이 되면 새벽까지 좌선에 힘쓰기를 게을리 하지 않는 생활을 여러 해 계속하였다. 도신은 홍인의 인물 됨됨이를 인정하고 있었기 때문에 언제나 마음을 써서 특별히 지도하였다.

홍인은 30여 년이나 스승의 곁을 떠나지 않았다.

홍인은 경전을 읽은 바가 없었지만 스승의 가르침에 힘입어 배우는 대로 모두 터득하였으며, 걷거나 앉거나 멈추는 모든 곳을 바로 진리를 배우고 실천하는 장소로 여겨, 행동과 언어, 마음 모든 것을 통하여 일관되게 불법을 실천하였다. 달마, 혜가, 승찬, 도신을 통해 이어진 선불교적 상상력은 홍인에 이르러 현실적인 삶과 결합되기 시작한 것이다. 그는 실천하지 않는 선은 '죽은 선'이라고 생각했다. 하지만 무엇보다 홍인의 공적은 스승 도신의 선사상을 더욱 확장한 데 있다.

홍인은 어느 날 학인으로부터 질문을 받았다.

"수도자는 왜 도시나 마을에서 수도하지 않고 산림에 은둔해야 합니까?"

홍인은 대답했다.

"훌륭한 건물의 재목은 원래 세속에서 자라지 않고 심산유

곡에서 나온다. 사람들과 동떨어져 있기 때문에 쉽사리 칼이
나 도끼에 찍히지 않고 하나하나가 빼어난 재목으로 자라난
뒤 비로소 귀중한 재목으로 쓰이게 되는 것이다. 따라서 정신
을 그윽한 산림에서 다듬고 혼탁한 세속의 먼지를 털어낸 다
음 수도하는 일이 중요하다. 이리하여 깨달음의 나무는 꽃을
피우고 열매를 맺게 되는 것이다."

훗날 홍인 문하에서 수행하여 출중한 인물로 성장한 산간
의 구도자들이 낙양과 장안에서 세속의 동량이 된 사실을 전
제로 한 내용이다. 그렇게 한꺼번에 많은 수의 뛰어난 인재가
배출된 것은 홍인의 독특한 지도방침에 따른 수행 덕이었다.
홍인은 이처럼 철저한 수행정신을 바탕으로 자신을 치열하게
점검하는 준엄한 선승으로서의 생애를 보냈다.

홍인은 늘 제자들에게 이렇게 말했다.

"나는 지금 그대들이 스스로 본심이 바로 부처인 것을 알게
되기를 바란다. 이런 까닭에 너희들에게 간절히 권하기를 천
경만론千經萬論이 각자의 본래의 진심을 지키는 것(守本眞心)
만 못하다고 한 것은 이 때문이다."

이때 홍인이 표방하는 수본진심 사상은, 선사상의 면에서는
도신의 사상을 한 단계 진보시킨 것이라고 볼 수 있다. 왜냐하
면 도신은 '수일불이'를 통하여 마음을 집중하여 한 물건을 간
看하게 하고 있을 뿐이지만, 홍인은 '수본진심'에서 한 물건에
집중하는 바로 그 마음을 내부의 자심으로 되돌려 본래의 진
심을 지킬 것을 주장하고 있기 때문이다.

즉 스승인 도신의 수일불이설에는 마음이 속에 감추어져 있을 뿐이지만, 제자인 홍인은 수본진심설을 통하여 이 마음을 표면으로 나타내 보이고 있는 것이다. 그의 사상은 '밖'에 어떤 대상을 정해 놓고 그것을 향해 달려가는 것이 아니라, 이미 우리 안에 있는 것을 찾는 '안'을 강조했다는 점에서 혁명적이었다.

또한 홍인 선법의 두 가지 특징은 선농겸수禪農兼修와 『능가경』의 중시였다.

"낮에는 일하고 밤에는 좌선하여 새벽에 이른다."

그는 수선과 노동을 둘로 보지 않고 병행하여, 수행을 일상의 영역으로 확대했다.

"행주좌와가 모두 도량이고, 삼업(三業: 身·口·意)이 모두 불사이다."

이것은 조사선祖師禪의 본질이다.

'선禪이 곧 생활이다'라는 선가의 취지와 사상의 연원을 표현한 것이다. 홍인은 구체적인 좌선수행법으로 '일자간一字看'과 '일상관日想觀'을 제시하고 있다. 그리고 『능가불인법지』에 다음과 같은 구절이 보인다.

여기 한 채의 집이 있는데 그 안에 똥과 초토가 가득하다.
이것이 무슨 물건인가?
똥과 초토를 남김없이 다 소제하여 한 물건(一物)도 없는데
이것이 무슨 물건인가?

이는 간화선적인 요소가 짙은 선문답의 일절인데, '이 물건
이 무엇인가?'라고 의심하는 "이뭣고(是甚)?" 화두의 연원이
되고 있다.

홍인으로부터 많은 전법제자(소위 10대 제자)가 배출 되는데,
그 가운데 신수와 혜능이 나와서 남·북종선으로 발전하게 된
다. 그로 하여 중국 선종사에서 홍인의 위치는 매우 의미심장
하다. 홍인의 동산법문을 이어받은 제자들이 중국의 남과 북
각지로 진출하여 홍인의 교지를 확산함으로써 선종이라는 새
로운 실천불교의 응집체가 여기저기에서 두각을 나타냈기 때
문이다. 홍인의 혜안이 아니었더라면 돈오頓悟를 제창한 혜능
의 남종선과 점오漸悟를 주장하는 신수의 북종선의 탄생은 불
가능했을 것이기 때문이다.

후대 사람들은 도신이 주석한 쌍봉산을 서산이라 부르고
홍인이 주석한 풍무산을 동산이라고 불렀다. 홍인은 동산에서
700명의 제자를 가르쳐 크게 선풍을 선양하였으며, 이로부터
홍인의 선을 동산법문이라고 부르게 된다.

부처의 사물을 보는 관점과 논리체계를 뒤로하고, 좌선을
중심으로 하는 새로운 집단의 형성은 쌍봉산문의 개창과 동산
법문의 융성으로부터 시작되었다. 다시 말하면 붓다의 눈보다
지금 여기에 살아서 숨을 쉬는 수행자의 눈을 귀중하게 여기
는 선종의 입장이 홍인 문하의 뛰어난 제자들에 의해서 중국
전 지역에 널리 알려지고 공감을 얻게 된 것은 중국 불교의
새로운 진로를 여는 전기가 되었던 것이다.

그는 6조 혜능에게 다음과 같은 전법게를 남긴다.

有情來下種
因地果還生
無情亦無種
無性也無生

사랑으로 씨를 뿌리니
그 사랑을 받을 땅이 있어 과실이 난다.
사랑이 없으면 씨 또한 없어
불성도 태어남도 없으리라.

또 하나의 제자, 북종 신수

대통선사大通禪師로 불리는 신수(神秀, 606~706).

그는 홍인의 제자이자 중국 북종선을 대표하는 선사이다. 그의 속성은 이李이고, 하남성 변주에서 태어났다. 그는 신장이 8척이고, 눈썹이 길고 귀가 커서 귀인의 면모를 갖추었을 뿐 아니라 어려서부터 유학 및 노장의 전적 등을 읽어 전통적인 학예에도 정통했다.

당시의 상류층 가문에서 태어났으나 세속에 뜻이 없어 13세에 출가했다. 출가 후 교학공부에 매진하여 삼장의 경론과 사분율의四分律儀에 통달했지만 이에 만족하지 않고 새로운 수행방법을 찾아 곳곳의 선지식을 찾아다녔다.

그러다가 나이 46세에 이르러서야 비로소 홍인을 만나게 되었다. 홍인은 한눈에 그의 그릇이 큼을 알고 성심껏 지도하였다. 그는 홍인 문하에서 수행한 지 6년 만에, 스승으로부터, '동산의 법이 모두 신수에게 있다'라는 칭찬을 들을 정도로 불도의 깊은 경지를 이루었다.

그러던 어느 날 홍인이, 부처가 가섭을 인가한 이심전심의 고사를 인용하면서, 그에게 산 속 멀리 물러가기를 명한다. 스승의 이 말을 들은 그는 울면서 물러나 홀로 흰 옷을 입고 벽관과 지관의 수행을 계속하다가, 70세가 넘어서야 처음으로 승적에 이름을 올리고 형주 옥천사의 주지를 맡았다. 그때 이미 그의 명성은 세상에 알려진 뒤였다.

그는 95세의 고령으로 측천무후의 초청을 받아 장안으로 오게 된다. 그가 종려나무로 엮은 가마를 타고 입궐하자, 측천무후가 그의 뒤를 따라 전상에 오르고 정례하여 우러러 받들고 물었다.

"누구의 종지를 전해 받았습니까?"

그가 대답했다.

"기주의 동산법문을 이어 받았습니다."

무후가 다시 물었다.

"어떤 경전에 의거합니까?"

그가 다시 대답했다.

"문수설반야경의 일행삼매에 의거합니다."

"그러면 국사보다 더 뛰어난 대사는 누구입니까?"

그도 인간, 혜능에 대한 시기와 질투가 없을 리 없었다. 그러나 신수는 조금도 망설이지 않았다.

"혜능대사입니다."

무후가 고개를 끄덕였다.

신수는 지그시 눈을 감고 있었다. 그는 학문의 깊이와 다르게 이렇게 인품의 깊이가 달랐다. 모르는 것을 알고자 하는 마음, 결코 세속의 명리에 휩쓸리지 않는 고요한 마음, 그는 당대의 어떤 수행자보다 맑은 사람이었다.

그의 온화한 얼굴을 본 무후가 세상에 천명했다.

"만약 수도를 논한다면 동산법문을 능가할 것이 없다."

그런 설법이 있은 이후, 그가 도신—홍인의 동산법문을 계승한 것이 비로소 세상에 알려지게 되었다. 그의 선법을 알 수 있는 기본 자료는 관심론이다. 관심론에서는 청정한 불성을 자각하여 지혜로써 염심染心을 제거하는 해탈에의 실천구조를 정淨·염染 2심의 논리를 응용하여 설파하고 있다. 다시 말해서 그는 마음의 작용을 정심과 염심이라는 두 종류의 차별심으로 본다.

그에 의하면 정심이란 무루·진여의 마음이며, 염심이란 유루·무명의 마음이다. 이때 정심은 항상 선업을 원하고, 염심은 항상 악업을 생각하고 있다. 이때 진여를 자각하여 염심이 없으면 바로 성인이 되지만, 무명에 훈습되면 삼계에 빠지게 되어 범부의 삶을 살게 된다.

그렇기 때문에 다만 마음을 거두어 안으로 비추어 항상 밝게 되면 자연히 우리는 보살의 자비로 승화하게 된다. 결국

‘관심론’에서 표방하는 그의 선법은 한 마디로 요약한다면 오로지 마음을 쉬고 전력으로 섭수하는 ‘좌선섭심坐禪攝心’이라 할 수 있다.

제6조 혜능 편에서 다루게 되겠지만 우리에게 알려진 신수의 선사상을 전하는 자료들은 모두 남종선 수행자들에 의해서 요약되고 발췌되어 전해진 것이다.

그러나 최근 둔황자료의 출토와 더불어 북종선 관계의 선문헌이 새롭게 발견되면서, 그의 선법에 대해서 좀 더 확실하게 파악할 수 있게 되었다. 그것은 신수의 선사상이 도신—홍인의 동산법문을 계승하면서, 그 바탕 위에 당시 국제 도시였던 당의 수도 장안의 화려한 교학불교를 종합하고 있다는 것이다.

제6조 ^{혜능}

중국 선종 제6조는 혜능(慧能, 638~713)이다. 그의 속성은 노
盧씨이고, 남해 신주에서 태어났다. 그러나 세 살 때에 아버지
를 잃게 되어 어머니가 수절하며 그를 길렀는데, 자라면서 점
점 가세가 궁색해져 땔나무를 해서 편모를 봉양할 수밖에 없
었다.

24세 되던 해 어느 날 나무를 여관에 배달하는 길에 한 손
님의 『금강경』 읽는 소리를 듣게 된다. 그 중에서 "머무는 바
없이 그 마음을 낼지니라(應無所住而生其心)"라는 경전의 구절
을 들었을 때 마음이 맑아져 깨닫는 바가 있었다.

그가 손님에게 물었다.

"그게 무슨 책이며, 누구에게 얻었습니까?"

손님이 말했다.

"이는 『금강경』이라는 경전입니다. 나는 기주 황매현의 5조 화상에게 가르침을 받았습니다. 나는 그곳에서 홍인 화상으로부터 '한 권의 『금강경』을 손에 든 것만으로도 곧 깨달아 성불할 수 있다'는 말씀을 들었습니다."

그는 그 말을 듣자마자 홍인과의 사이에 전생의 인연이 있음을 알게 된다. 그래서 곧 늙은 어머니에게 자신의 생각을 알려 이해를 구하고는 홍인에게 달려간다.

홍인이 물었다.

"그대는 어디 사는 누구인가?"

그가 대답했다.

"영남嶺南의 백성입니다."

"무슨 일로 왔는가?"

"오직 부처가 되기 위하여 왔습니다."

홍인이 말했다.

"그대는 남방 출신의 오랑캐여서 불성이 없거늘 어떻게 부처가 되려고 하는가?"

그가 대답했다.

"사람에게는 남쪽과 북쪽의 차이가 있겠지만, 불성에 어찌 남북이 있겠습니까?"

그의 대답을 들은 홍인은 그가 큰 그릇임을 알았지만 내색하지 않았다. 혹여 위해를 당할 우려가 있었기 때문이었다. 홍인은 일부러 화난 표정으로 꾸짖었다.

"네가 무엇을 안다고 그렇게 대답하느냐?"

홍인은 그를 방앗간으로 보내어 주야로 방아를 찧고 장작 쪼개는 일을 시켰다.

그가 방앗간으로 보내진 지 8개월 후 홍인은 문하의 수행자들에게 불법의 큰 뜻을 깨달은 게송을 가장 알맞게 지어 보인 이에게 가사와 법을 전하겠다고 말했다. 이에 700대중 중의 상좌인 신수가 게송 하나를 지어 복도 벽에다 붙여놓았다.

身是菩提樹
心如明鏡臺
時時勤拂拭
勿使惹塵埃

몸은 깨달음의 나무요
마음은 밝은 거울과 같나니
때때로 부지런히 털고 닦아서
티끌과 먼지가 묻지 않게 하라

이때 방앗간에서 방아를 찧으며 수행 중이던 혜능도 이 소식을 들었다.

"과연 아름답고 아름답다. 그렇지만 깨달은 것도 있고 깨닫지 못한 것도 있다."

혜능은 읽고 쓸 줄 몰랐기에 한 동자를 앞세워 신수 상좌의

게송이 써 있는 반대편 벽에 자신이 말하는 게송을 붙이도록
했다.

    菩提本無樹
    明鏡亦非臺
    本來無一物
    何處惹塵埃

    깨달음은 본래 나무가 없고
    밝은 거울 또한 받침대 없네
    본래 한 물건도 없거니
    어느 곳에 티끌과 먼지 있으리오.

이렇게 혜능은 자신의 탁월한 깨달음의 경지를 보임으로써
5조 홍인 문하의 제1인자였던 신수를 완전히 누르고 6조의 지
위를 결정지었다. 홍인의 문하에 입문을 허락받은 혜능은 절
구로 쌀을 찧는 방앗간 생활에도 누구보다 열심이었지만, 나
서 죽음이 곧 열반이라는 깊은 경지를 깨우쳤던 것이다.
오늘날까지 알려진 대로 스승인 홍인은 제자 훈육에 평등
했다. 가장 앞서가는 제자라고 여기고 있던 신수에게도 깨달
음의 경지를 표현하게 하였으며, 또한 글자도 모르는 혜능에
게도 자신의 마음을 내게 하였던 것이다. 그들 두 제자의 견해
의 깊고 얕음을 판별하기 위해서였다. 속된 표현으로 여기서

혜능이 승리한 것이다.

그리고 훗날, 오늘날까지도 이 게송들은 돈오점수와 돈오돈수의 논쟁으로 인구에 회자되고 있는 것이다. 이 게송은 역사적으로 특별한 의미를 갖는다. 신수의 북종선과 혜능의 남종선을 구분하는 분수령을 의미하기 때문이다. 혜능의 이 게송 하나로 이후 신수의 북종선 세력은 약화되고, 혜능의 남종선은 세대를 거듭할수록 발전하여 후일에 5가 7종으로 발전하게 되는 것이다. 이는 중국 전역의 불교문화는 물론, 한국과 일본에도 커다란 영향을 미쳤다.

결정적인 게송 하나로 선종 제6조로서 인가를 증명 받았지만 기실 홍인은 그 후로도 남몰래 혜능을 방안에 불러들여 3일 밤낮을 시험하였다. 그는 홍인이 무엇을 물어도 의심스럽거나 막히는 구석 없이 거침없이 대답하였다. 홍인이 비로소 그에게 전법가사를 주게 된다.

전법의 증거로 가사를 줄 정도로 전의는 선문에서 중요한 의미를 가진다. 특정한 소의경전 대신 스승과 제자 사이의 내밀한 전수를 기본적 입장으로 하는 선문으로서는, 가사야말로 정신적·내면적인 전법을 구상화하는 최적의 상징이기 때문이다.

가사를 불법의 신표로 삼는 의미에 대하여, 구체적으로 서술한 『조계대사전』은 혜능과 홍인의 대화를 다음과 같이 기술하고 있다.

혜능이 홍인에게 물었다.

"법은 문자가 없이, 마음으로 마음을 전하고 법으로 법을 전하는데, 이 가사로 무엇을 하려 하십니까?"

"옷은 법의 신표요, 법은 옷의 종이다. 예부터 서로 전하였으며 그 외 별도로 부촉한 바는 없다. 옷이 아니면 법을 전하지 않았고, 법이 아니면 옷을 전하지 않았다. 옷은 서국의 사자존자들이 서로 전하여 불법을 끊이지 않게 하였다. 법은 여래의 깊고 깊은 반야로서, 반야가 고요하고 머무름이 없음을 알면 곧 법신을 깨닫는다. 불성이 고요하고 머무름이 없음을 보면 이것이 진정한 해탈이다. 너는 이 옷을 가지고 떠나야 한다. 예부터 법을 전하는 자의 목숨은 실날같다. 만약 법을 전하는 위치에 있게 되면 누군가 너를 해치려 할 것이다. 너는 속히 떠나야 한다."

이는 전법의 증거로서, 5조에서 6조 혜능에게 확실하게 가사가 전해졌음을 서술하고 있다. 이렇게 해서 혜능은 연고지인 영남을 향하여 출발하게 되는데, 양자강의 나루터인 구강역까지 스승인 홍인이 직접 전송하며 그에게 말했다.

"중생들이 알면 반드시 너를 해칠 것이다."

"스님, 어떻게 갈 수 있습니까?"

"내가 너를 직접 데려다 주겠다."

그날 밤 마침내 두 사람은 구강에 다다라 배를 얻어 강을 건넜다. 그날 밤에 홍인은 다시 절로 돌아왔다. 당연히 누구도 그것을 알지 못했다. 그렇게 혜능이 떠나고 난 동산에서는 곧 소란이 일어났다. 며칠이 지나도록 홍인이 법상에 나타나지 않은 것이다.

제자들은 더 이상 참을 수가 없었다. 그들은 스승에게 몰려 갔다.

"스승님께서는 어찌 여러 날을 법상에 나타나지 않으시는 지요?"

홍인이 대답했다.

"내 도는 가버렸다. 어째 이를 묻는가?"

"의법을 누가 얻었습니까."

"능한 자가 얻었노라."

이에 제자들이 그가 혜능임을 알았다. 그들은 모두 혜능을 쫓아갔다.

그 제자들 중 가장 앞장섰던 혜명은 아득히 먼 남방의 강서 성과 광동성의 경계인 대유령에 이르러, 겨우 혜능을 따라잡 을 수 있었다. 혜능은 곧바로 가사를 반석 위에 놓고 말했다.

"어서 그 가사를 들어보이게나!"

그러나 신장이 8척인 혜명은 그 가사를 들 수 없었다. 가사 는 조금도 움직이지 않았던 것이다.

혜명은 고개를 흔들며 말했다.

"가사가 아니라 가르침을 구하러 여기까지 왔나이다."

혜능이 말했다.

"선도 악도 아닌 중간 마음은 그 무엇이던고? 빨리 대답하라!"

그 말에 혜명은 자리에 주저앉았다. 사실 혜명은 가사가 욕 심나서가 아니라 5조 홍인이 혜능을 남방으로 떠나보낼 때 전 수한 가르침을 알고 싶었던 것이다. 혜명은 혜능을 향해 합장

예배하고 급히 남방으로 가도록 했다. 그러나 그 뒤로도 많은 제자들이 쫓아왔다.

그래서 그는 무려 15년 동안을 사냥꾼 무리 속에서 보내야 했다. 그러면서 그는 사냥꾼들에게 설법하였다. 그는 식사 때마다 채소를 고기 굽는 그릇에 넣어 익혔다.

사냥꾼들이 물었다.

"무슨 까닭입니까?"

혜능이 빙긋 웃으며 대답했다.

"그냥 고기 둘레의 나물을 먹을 뿐이오."

그는 사냥꾼들의 실제 생활을 존중하면서도 살생과 육식을 끊어야 하는 불자의 본 면목을 강조했던 것이다. 부처, 달마로부터 비롯된 적절한 대기설법이었다.

어느 날 한 비구니가 혜능에게 물었다.

"글을 모르면서 어찌 그대가 진리를 안단 말이오?"

혜능은 한 마디로 상대를 제압했다.

"진리는 하늘의 달과 같다. 문자는 달을 가리키는 손가락이다. 달을 보는데 손가락을 거칠 필요는 없다."

이것이 선종의 유명한 '불립문자不立文字'이다.

그즈음 남해에서 이름난 선 수행자인 인종이 『열반경』을 강의할 때 이를 청강한 것은, 남쪽 지방에서 은둔생활을 보내고 있던 혜능으로서는 아주 커다란 전기가 되었다.

어느 날 인종이 『열반경』을 강의하던 그 자리에 깃발이 세워져 있었다. 혜능은 그 수업에 참여하여 인종의 강의를 듣고 있었다. 그때 바람이 불어 깃발이 나부꼈다. 그것을 보고 있던 사람들 사이에, 바람이 흔들린다, 아니 깃발이 흔들린다로 의견이 분분하였다.

그때 인종이 대중에게 물었다.

"너희는 모두 바람이 깃발을 흔들리게 하는 것을 본다. 꼭 대기에 깃발이 흔들리는가?"

대중들은 말했다.

"바람이 부는 것을 봅니다."

또 다른 대중은 이렇게 말했다.

"깃발이 흔들리는 것을 봅니다."

그러자 제법 학식이 있는 대중들이 말했다.

"흔들리는 것이 아니라 흔들림을 보는 것입니다."

그때 혜능이 자리에서 일어나서 말했다.

"이는 대중의 망념이 흔들리느냐 안 흔들리느냐일 따름이다. 이는 깃발이 흔들리는 것이 아니다. 법은 본래 흔들림과 흔들리지 않음이 없도다."

인종은 그 말을 듣고 경악했다.

"그대는 어디서 법을 얻었는가?"

혜능은 비로소 말했다.

"동산東山에서 법을 얻었습니다."

인종은 혜능을 찬탄하고, 자신의 제자 모두를 이끌고 혜능의 문하에 입문했다. 혜능과 인종과의 만남은, 혜능으로 하여금 동산에서 전법한 사실을 외부로 알리는 커다란 계기가 되었다. 그 표명의 형식은 자료에 따라 다양하지만, 이것에 의해 혜능이 남해에서 동산 홍인의 계승자임을 공인받게 되었다.

다시 인종이 물었다.

"그동안 오래도록 어디에 머무셨습니까?"

"소주 곡현 남쪽 50리 되는 조계촌의 옛 보림사에 있었습니다."

인종은 고개를 끄덕였다.

그는 다음의 말로 설법의 마지막을 장식했다.

"대중들이여 흩어져라. 혜능도 조계로 돌아가리라. 만약 큰 의심이 있거든 저 산 속으로 오라. 너희를 위해 의심을 부수고 함께 불성을 보리라."

그러자 그 자리에 함께 했던 사람들이 말했다.

"좋구나. 큰 깨달음이여, 예전에 미처 깨닫지 못했던 바이다. 영남에 복이 있어 생불이 여기 계시다. 누가 능히 지혜를 얻을 것인가."

인종은 제자 3000명을 거느리고 혜능을 환송하여 조계로 돌아가게 하였다. 그로부터 40세에 조계산으로 돌아온 혜능은 그 후 76세로 입적할 때까지 36년간 조계를 중심으로 교화 활동을 폈다. 혜능이 조계로 돌아온 직후, 소주자사 위거의 요청에 의해, 혜능이 대범사 강당에서 설법하였는데 이때 자리 아래의 사람들이 무려 1만 명이 넘었다. 혜능은 마하반야바라밀의 법을 설하고, 모두에게 무상계를 주었다. 이를 문하의 법해가 모아 기록한 것이 바로 『단경』이다. 훗날 여기 모인 사람들이 그의 뜻을 따라 이 단경을 설하였다.

훗날 사람들은 일개 조사인 혜능의 설법집을 왜 경으로까지 존칭했을까? 그것은 혜능이 깨달은 돈오의 깨달음은 절대적으로 붓다와 동일하다는 전제에서 비롯된다. 다시 말하면 붓다가 깨달음을 얻은 연기법이나, 혜능이 깨달은 돈오의 깨달음은 조금도 차이가 없는 것임을 천명한 것이다. 더욱이 붓다가 이심전심으로 마하가섭에게 법을 부촉하고, 그 법의 징표로서 가사가 전해져 달마대사와 홍인대사를 거쳐 혜능에게 이르렀으니, 붓다와 혜능을 동일선상에 두는 것이 지당하며, 혜능의 말은 경전과 조금도 차이가 없다는 것이다.

한편, 북종선에 대항하는 형태로, 혜능을 개조로 하는 남종선을 확립하는 데 있어서 **빼놓**을 수 없는 인물이 바로 신회다.

혜능이 법성사에서 수계하고 이어서 같은 해에 대중을 위해 처음 법을 열 때였다. 겨우 나이 13살의 신회가 삼배의 예를 갖추고 무릎을 꿇었다.

혜능이 물었다.

"그대가 오느라고 몹시 수고했는데 근본을 가지고 왔는가? 근본이 있다면 주인을 알아야 할 것이다. 말해보라."

신회가 대답했다.

"무주無住로 근본을 삼으니 봄(見)이 곧 주인입니다"

그러자 혜능은 지팡이로 신회를 세 번 때리고 꾸짖었다.

"이 사미가 어찌 경솔한 말을 하느냐!"

신회는 말했다.

"큰 지식은 여러 겁을 지나도록 만나기 어려운데 이제 만남을 얻었으니 어찌 신명을 아끼겠습니까?"

신회는 울면서 자신의 잘못을 빌고 스승으로 섬길 것을 청하고 혜능의 곁을 떠나지 않았다.

조계에서 크게 선풍을 선양하고 있던 혜능의 명성을 듣고, 그때의 조정은 사자를 파견해서 혜능을 서울로 맞아들이려 했지만, 혜능은 병을 핑계로 굳이 사양하고 재차 부름에도 응하지 않았기 때문에, 도리어 마납가사와 비단 등을 하사받았다. 그때 혜능이 황제에게 보낸 글이 오늘날에도 전한다.

혜능은 변방에서 태어났습니다. 어려서 도를 사모하여 외람되게도 홍인대사로부터 여래의 심인心印을 부촉 받고, 서국의 의발을 전해 받고, 동토의 불심을 전수받게 되었습니다. 천은天恩으로 중사 설간을 보내시와 혜능을 궁궐로 부르심을 받자오나, 혜능은 오래도록 산림에 거처하였으며, 늙고 풍병에 걸렸습니다. 폐하의 덕은 만물의 바깥까지 감싸고, 도는 만민을 꿰뚫습니다. 창생을 양육하시며 백성에 인자하십니다. 뜻은 대교大教를 넓히고 석문釋門을 흠숭하십니다. 혜능은 산에서 병을 고치고 도업을 닦고 지녀 위로는 황제의 은혜에 보답하고 아래로는 여러 왕, 태자에게까지 미치도록 허락하시기 바랍니다. 삼가 표를 바칩니다. 석가혜능은 돈수돈수합니다.

— 소주 조계산 석가혜능

천자에게 주는 글이므로 그는 스스로는 겸손하면서, 천자의 덕에 대해서는 이를 찬탄하고, 자신은 중풍에 걸렸기 때문에 산에서 요양하면서 불도를 계속 닦음을 용서하기 바란다는 정중한 거절의 의미가 이렇게 잘 녹아있다. 그가 얼마나 대기설법에 능한지를 보여주는 대목이 아닐 수 없다.

713년 8월 3일. 혜능이 제자들에게 말했다.

"나 이제 가리라."

제자들이 다 울었다.

다만 신회만 울지 않았다.

혜능이 말했다.

"어린 신회는 안 우는데 너희는 왜 우느냐? 내가 가는 자리를 모르니 우는 것이다."

제자인 법해가 스승에게 물었다.

"이후에 뒤를 잇는 자가 있습니까? 여기에 옷이 있는데 무슨 까닭에 전하지 않습니까?"

"너는 묻지 말라. 이후에 어려움이 지극히 많이 일어날 것이다. 나는 이 가사 때문에 몇 번인가 목숨을 잃을 뻔했다. 네가 때를 알고자 하니, 내가 죽은 지 40년 후에 종지를 수립하는 자가 곧 그 사람이다."

"아직 잘 모르겠습니다. 법이 옷에 달려 있어서, 옷을 가지고 법을 전하는 것인지는."

"법이 옷에 달려 있지 않다 하더라도 옷은 대대의 상승을 나타내므로, 옷을 전하는 것으로써 신표를 삼는다. 지금 불법

에 스승의 가르침을 받을 수 있고 도를 배우는 자가 종지를
알 수 있게 되었으니, 착각하거나 실수하지 않기 때문이다. 하
물며 석가여래의 금란가사는 원래 계족산에 있었는데, 이제
생각건대 가섭이 이 가사를 입고서 오로지 미륵부처님이 세상
에 출현하기를 기다려 이 옷을 부탁하려고 하였으니, 이로써
석가여래가 옷을 전하는 것으로써 신표를 삼았음을 나타내었
다. 우리 육대에 걸친 조사도 이와 같다. 나는 이제 능히 여래
의 본성을 완전히 깨쳤다. 여래는 이제 내 몸 속에 있다. 나는
여래와 차이가 없다. 여래가 곧 나의 진여이다. 너희들은 내가
두 게송을 지어서 달마화상 게송의 취지를 따르는 것을 들어
보라. 너희 미혹한 자들이 이 게송에 의해 수행한다면 반드시
견성할 것이다.”

그리고 그는 전법게를 읊었다.

心地邪花放
五葉逐根隨
共造無明業
見被業風吹

심지에 삿된 꽃이 피고,
다섯 잎은 뿌리를 좇아 따른다.
함께 무명업을 지어,
이제 업바람에 불리운다.

心地正花放
五葉逐根隨
共修般若惠
當來佛菩提

심지에 바른 꽃이 피고,
다섯 잎은 뿌리를 좇아 따른다.
함께 반야의 지혜를 닦아서,
불보리를 맞이한다.

이 두 게송은, 첫째 사법에 의한 자, 둘째를 정법에 의한 자로 양자를 대비하고, 둘째의 반야의 지혜에 의한 입장을 강조하고 있는 것인데, 첫째가 북종선을, 둘째가 남종선을 가리키고 있음은 분명하며, 여기에 의해 둔황본 『단경』도 여타의 제자료와 마찬가지로 돈오를 주장하고 있다.

그가 입적하자 산이 무너지고 땅이 흔들렸으며 해와 달이 빛을 잃고 바람과 구름이 모습을 잃었으며 나무는 하얗게 변했다고 전한다. 그리고 이상한 향이 일어나 며칠 지나서 그쳤다. 조계의 시냇물이 그치고 샘과 연못이 말라붙은 지 3일 남짓 지났다.

문하들이 혜능의 유해를 가지고 조계산으로 돌아가고자 하였다. 그때 수령은 기꺼이 놓아주려 하지 않았다. 국은사에 머무르게 하고 탑을 일으켜 공양하고자 하였다. 그때 문하인 승려 승일 등이 자사를 만나서 도리를 얘기하고서야 비로소 조계로 돌아갔다.

혜능의 선법은 자성의 발견으로 일관된다. 그의 설법을 기록한 『육조단경』 전편에 흐르는 이야기는, 한마디로 자기 본성을 깨치라는 것이다. 이때 말하는 자기 본성은 특정한 사람에게만 있는 것이 아니라 인간이면 모두 갖추고 있는 마음이면서, 동시에 구체적인 이 현실에 있는 존재자 각자의 마음이다. 따라서 부처나 중생 모두가 개체적 실존, 즉 주체의 다른 경계이지 결코 또 하나의 다른 주체가 있어, 우리가 그것을 붓다라 이름하는 것이 아니다. 다시 말해서 번뇌와 해탈은 동일한 주체의 다른 활동이며 결코 이 번뇌의 주인공을 떠나 따로 보리가 있는 것이 아니라는 것이다. 결국 혜능이 말하는 바의 깨달음은, '인간의 자성'을 유일한 근거로 해서 불성인 자성을 발견하는 것이다.

그는 이렇게 말한다.

"나의 이 법문은 정혜로써 근본을 삼는다. 미혹하게도 정혜가 다르다고 말하지 말라. 정혜는 일체로써 둘이 아니다. 수행자는 처음 정에 든 다음 혜가 비롯된다거나 혜가 먼저 있고나서 정이 비롯된다고 하여 정혜가 서로 다르다고 하지 말라."

그에 의하면 자성의 정혜는 두 가지로 분리될 수 있는 성질의 것이 아니다. 그러므로 수행과 깨달음은 선후가 없다는 것이다. 전통적으로 달마를 중국 선종의 초조라고 한다. 그러나 실제로는 중국선이라는 새로운 선문을 처음으로 열어젖힌 진정한 의미에서의 개조는 혜능이다. 달마와 그의 제자들로부터 비롯되어 결국 혜능에 이르러 완성된 선은 실천형태의 측면에서는 점수에서 돈오에로의 변화를 의미하고, 정혜불이에로의 변화를 의미한다.

달마의 제자들. 그들이 온갖 환란을 극복하고 열어놓은 찬란한 꽃송이의 마지막, 혜능의 선법은 이후 중국을 위시하여 한국이나 일본으로 전파된 선불교의 기본 토대가 되며, 특히 임제종의 간화선으로 계승된다. 따라서 혜능의 선을 바르게 이해하는 것이 바로 오늘날의 선을 바르게 이해하는 지름길이 되는 것이다.

큰글자 살림지식총서 032

달마와 그 제자들 이야기 선불교사

펴낸날	초판 1쇄 2012년 10월 15일
	초판 2쇄 2017년 1월 31일

지은이	**우봉규**
펴낸이	**심만수**
펴낸곳	**(주)살림출판사**
출판등록	**1989년 11월 1일 제9-210호**

주소	**경기도 파주시 광인사길 30**
전화	**031-955-1350** 팩스 **031-624-1356**
홈페이지	http://www.sallimbooks.com
이메일	book@sallimbooks.com

ISBN	978-89-522-2123-0 04080
	978-89-522-3549-7 04080 (세트)

※ 이 책은 큰 글자가 읽기 편한 독자들을 위해
　 글자 크기 14포인트, 4×6배판으로 제작되었습니다.